点石成金

公文写作
点石成金

OFFICIAL 之 DOCUMENTS

范例精粹 下

胡森林 主编

张力丹
危厚勇
编著

人民邮电出版社
北京

图书在版编目（CIP）数据

公文写作点石成金之范例精粹. 下 / 胡森林主编 ；
张力丹，危厚勇编著. -- 北京 ：人民邮电出版社，
2022.4

ISBN 978-7-115-58548-6

Ⅰ．①公… Ⅱ．①胡… ②张… ③危… Ⅲ．①公文－
写作 Ⅳ．①C931.46

中国版本图书馆CIP数据核字（2022）第004065号

◆ 主　　编　胡森林
　　编　　著　张力丹　危厚勇
　　责任编辑　刘向荣
　　责任印制　李　东　胡　南

◆ 人民邮电出版社出版发行　　北京市丰台区成寿寺路 11 号
　邮编　100164　电子邮件　315@ptpress.com.cn
　网址　https://www.ptpress.com.cn
　北京联兴盛业印刷股份有限公司印刷

◆ 开本：720×960　1/16
　印张：19.5　　　　　　　　　2022 年 4 月第 1 版
　字数：213 千字　　　　　　　2022 年 4 月北京第 1 次印刷

定价：69.80 元

读者服务热线：**(010)81055256**　印装质量热线：**(010)81055316**
反盗版热线：**(010)81055315**
广告经营许可证：京东市监广登字 20170147 号

前　言

　　《广韵》中说：范，法也，式也，模也。段玉裁《说文解字注》中说：例，比也。可见，由古到今，所谓范例，都是样板、典范等意思。

　　对于公文写作者来说，要想快速有效地提高写作能力，一个切实可行的路径就是从学习和模仿好的范文起步，掌握其法则要领，了解其内在规律。现实当中也是如此，绝大部分成熟的写作者，都有过模仿学习的初始经历。

　　《公文写作点石成金之范例精粹》（上、下册）正是着眼于此，通过写作要领的讲解和范例的剖析，提供切实管用的方法论指导，让公文写作者特别是广大初学者由浅入深，拾阶而上，有所精进。

　　公文，顾名思义，是为公的文。本书认为，凡是在工作场合产生、为了特定的工作上的目的和功能，与公事、公务、公意相关的都属于公文的范畴。这既是回归本原对公文属性的界定，也是从实际需求出发对公文范围与时俱进的拓展。

　　从这个角度出发，本书重新定义了公文写作的概念与内涵，扩大了公文的宏观范畴，全面涵盖了各类公文写作。在分类上，本书更多是从公文实现的内在功能角度加以区分，而不是简单按照外在的文种形式来分类。

　　本书介绍了法定公文、事务性文书、决策与落实类文书、信息类文书、日常沟通类文书、宣传类文书、党务类文书、职场应用文、研究咨询与参考建议类文书、礼仪类文书、管理制度类文书、书信类文书、总结类文书、计划类文书、交流汇报类文书、鉴定类文书、凭据类文书等 17 种文体，基本涵盖了我们在工作中可能涉及的各种文体，因内容较多，故全书分为上、下册。

　　在写法上，除了概述性章节外，本书的大部分内容都是分门别类、条分缕析地介绍公文写作要领与范例，读者既可以从中掌握公文写作的基本方法和注意事项，也能对照范文进行学习和借鉴，这样更加便捷高效、更加得心应手。

　　公文写作是职场人士的一项重要能力，也是不可或缺的基本功。能写出一手漂亮的公文，将成为"稀缺人才"，有助于取得更大的事业成功。

　　本书与《公文写作点石成金之要点精析》是一个套系，后者侧重于公文写作理论、方法原则、内容要素等方面的讲解，如果将两者结合起来阅读，便可把理论和实例贯通起来，读者更能够知其然并知其所以然，得到的收益无疑是更大的。

目　录

第一章
研究咨询与参考建议类文书写作要领与范例

调研报告

调研考察报告是对某项工作、某个事件或某个问题，经过深入细致的调查研究后，以书面的形式向有关组织或领导汇报调研考察情况的一种应用文体。其主要目的是了解重要事件的真相，总结工作经验教训，探讨事物发展规律，指导推动当前工作。

一、调研报告的特点

调研报告有三个特点。

一是真实性。充分了解实情和全面掌握真实可靠的素材是撰写调研报告的基础。调研报告写作必须尊重在调查研究中获得的事实，并用叙述性的语言实事求是地反映客观情况。可以说，真实性是调研报告的生命。

二是针对性。相关的调研活动都是针对和围绕某一综合性或专题性问题展开的，收集素材也是根据这一问题进行的。调研报告有着明确的目的，集中反映问题和提出工作建议，具有针对性。

三是逻辑性。调研报告对所掌握的真实数据和大量事实进行系统分析，严密论证，探明原因，预测变化，揭示本质，从而得出科学结论，具有较强的逻辑性。

二、调研报告的写作要领

调研报告的种类，常见的有四种。

第一种，社会情况的调研报告。这种报告反映社会各个阶层或某一群体的状况，或者反映政治、军事、文化、教育等方面的情况，供决策者使用，以利于制定方针、政策和决策。

第二种，新生事物的调研报告。这种报告反映新生事物的发生、发展情况以及遇到的问题，目的是扶植新生事物，推广先进经验，运用典型的事例来宣传党的方针、政策，肯定某一发展方向的正确性。

第三种，典型经验的调研报告。这种报告通过分析典型事例，总结先进地区、先进单位、先进个人的典型经验，从而指导和推动全局工作，能起到导向作用，容易在社会上激起强烈的反响。

第四种，揭露问题的调研报告。这种报告针对某一方面的问题进行专项调研，陈述问题的基本情况，判明问题的产生原因和性质，确定造成的危害，并提出解决问题的途径和建议，为问题的最后处理提供依据，也为有关方面提供参考和借鉴。

调研报告由于种类、内容、目的不同，在结构和具体写法上也各有差异，但通常都由标题、序言、主体、结尾四个部分构成。

一是标题。标题有两种：一种是单一式标题，由调研主题、文种名构成，如"×××关于×××的调研报告""关于××××的调研报告"等；另一种是复合式标题，主标题陈述调研报告的主要结论或提出中心问题，副标题说明调研主题、文种名等，如"妇女在'反贫困'中的作用——关于农村留守妇女的调研报告"等。

二是序言。序言简要交代调研的起因或目的、时间和地点、对象或范围、经过与方法，以及人员组成等调研本身的情况，从中引出中心问题或基本结论。序言起到画龙点睛的作用，要精练概括、直切主题。

三是主体。主体是调研报告最主要的部分，包括：调研的基本情况，主要由反映调研主题几个方面的描述性表述组成；调研分析和结论，主要通过对大量调研资料的整理分析，找出问题的主要成因；调研建议，针对存在的问题，提出解决问题的思路、办法、措施和建议。

四是结尾。结尾可以总结全文的主要观点，进一步深化主题；或提出问题，引发人们的进一步思考；或展望前景，发出鼓舞；等等。

要想写好调研报告，必须做好前期准备工作。第一，在理论上、思想上武装自己，即学习与调研对象有关的方针政策、上级指示；查阅有关的信息、情报、理论和资料。第二，拟订调研提纲，主要包括：调研的目的和要求；调研的对象、要点和项目；调研的方法、时间、进度的安排，以及调研表格的制定；等等。

调研过程的好坏，关系到调研报告质量的高低，所以调研要讲究方法：可以直接调研，即同调查和采访的对象本人交谈；可以间接调研，即向其亲属、领导、同事，与其打过交道的单位、部门或同志，甚至反对他的人了解情况；可以用典型调研法，即抓典型，解剖"麻雀"，进行定性分析；可以用统计调研法，即在调研时着重增加统计数量；等等。

调研结束后，要先从获取的大量丰富材料中，筛选出那些真实、具体、典型或能反映全貌的，对写报告有价值的第一手材料；然后由事入理，即从现象、事实、数据等各种材料中，实事求是地概括、提炼观点（结论）来统帅材料；最后采用科学的研究分析方法，集中整理问题，研究解决难题的措施，提出最优的决策建议。

写出调研报告的初稿后，要广泛征求意见，通过召开座谈会、印发讨论稿等形式征求有关领导、业务部门、专家学者、基层群众等的意见，集思广益、修改完善，从而写出令人满意的调研报告。

三、调研报告的范例

关于我市公共卫生服务体系建设情况的调研报告

公共卫生事关人民群众身体健康和生命安全。为深入贯彻习近平总书记关于新冠肺炎疫情防控和公共卫生安全系列重要讲话精神，全面落实党中央决策部署和省、市委工作要求，我们对全市公共卫生服务体系建设开展专题调研，具体情况如下。

一、调研过程

一是"学"，举办专题法制讲座，邀请省卫生健康委员会领导作关于新冠肺炎防控工作与公共卫生服务体系建设的辅导报告。二是"听"，召开专题汇报会，听取市财政、医保、教育等11个部门汇报相关工作情况。三是"谈"，召开由区、县（市）卫生健康部门、医疗机构和疾控中心负责人、市人大代表、专家学者、市民代表等参加的系列座谈会，广泛听取社会各界的意见。四是"察"，分赴××、××、××和××等地开展实地视察并召开座谈会，听取基层工作情况和意见建议。五是"征"，就我市公共卫生服务体系建设现状、存在问题、对策建议等内容开展网上问卷调查，回收问卷达 15000 份，社会反响热烈。六是"商"，梳理调研收集的情况及外地做法经验，与市医保、财政、教育等部门进行专门对接，共商工作举措。七是"协"，委托 10 个区、县（市）人大常委会开展协作调研并收集调研报告，指导市人大代表卫生专业小组开展专题调研，并与公共卫生专家进行交流研讨。

二、工作成效

近年来，市人民政府及相关部门把人民健康摆在优先发展位置，深入贯彻落实"以基层为重点，以改革创新为动力，预防为主，中西医并重，将健康融入所有政策，人民共建共享"的卫生与健康工作方针，统筹安排、循序推进，加快基本公共卫生服务项目扩面、提质、增效，公共卫生服务体系建设得到不断推进。网上问卷调查显示，有87.3%的参与投票者认为我市公共卫生服务工作总体较好。面对突如其来的新冠肺炎疫情，我市公共卫生服务体系经受了一次重大检验。

一是注重顶层设计，制度保障不断完善。市人民政府认真贯彻落实相关法律法规，制定两轮公共卫生体系建设三年行动计划。（具体内容略，下同）

二是全面推进改革，服务体系逐步健全。市人民政府以医药卫生体制改革为抓手，搭建覆盖全市、层级分明、运转有序的公共卫生服务网络，统筹联动不断加强，服务能力不断增强。……我市基本公共卫生服务项目代表××省接受国家考核，荣获总成绩第一名。

三是持续加大投入，基础支撑更加有力。2013 年以来，我市财政卫生支出由 7.55 亿元增加到 114.27 亿元，年均增长 18.51%，快于同期 GDP 和财政支出的增速。……全市医疗资源布局进一步优化，硬件设施改善力度持续加大。……

四是坚持联防联控，抗疫工作取得成效。……

三、存在的问题

我市存在的问题主要体现在以下四个方面。

（一）应急机制有待完善。一是部门联动机制不够完善。面对重大突发公共卫生事件，卫生健康委和疾控机构难以统筹全市力量。……二是监测预警机制不够完善。……三是物资保障机制不够完善。……

（二）硬件设施相对薄弱。一是疾控设施薄弱。……二是救治设施薄弱。……三是基础用房薄弱。……四是信息设施薄弱。……

（三）基层基础不够扎实。一是医防协同合力不够。……二是基层服务能力不足。……三是公共卫生意识不强。……

（四）队伍建设亟待加强。一是编制缺口较大。……二是专业人员不足。……三是培养培训不够。……

四、对策建议

世界正遭遇前所未有的公共卫生危机，我国公共卫生领域也面临多种健康影响因素交织的复杂局面。习近平总书记明确指示要"构建起强大的公共卫生体系"。目前，新冠肺炎疫情还未消退，我市又经常面临台风等自然灾害，且即将进入重度老龄化社会。市人民政府及相关部门要牢固树立以人民为中心的发展理念，补短板、强弱项，对公共卫生服务体系进行整体谋划、系统重塑和全面提升，实现从"以治病为中心"向"以健康为中心"转变，为人民群众提供全方位全周期、优质高效、公平可及的公共卫生服务。

（一）加强公共卫生协同机制建设。一要增强统筹协调能力。……二要落实公共卫生职责。……三要加大基础保障力度。……

（二）加强疾病预防控制体系建设。一要推进疾控体系改革。……二要增强应急管理能力。……三要加强救治体系建设。……

（三）加强公共卫生基础设施建设。一要加快医疗资源布局。……二要加快重大项目建设。……三要加快信息系统建设。……

（四）加强高素质的人才队伍建设。一要强化机构编制保障。……二要强化专业队伍建设。……三要增强科学钻研能力。……

（五）加强应急物资保障体系建设。一要建立物资供应体系。……二要强化储备使用管理。……

（六）加强社会综合治理能力建设。一要筑牢法治屏障。……二要加强宣传教育。……三要凝聚社会共识。……

此篇调研报告主要针对市公共卫生服务体系建设进行调研，总结做法与经验，分析问题与不足，提出对策建议，在写法上有几点值得我们学习与借鉴。一是注重精准提炼标题，使标题既准确无误地反映主题，又体现调研味道。二是语言准确、观点鲜明，文中既有具体事例，又有大量数据，分析有理有据，有说服力。三是报告紧扣国际国内形势、当前工作要求，体现专业精神，对公共卫生体系建设工作具有切实的指导作用，接地气、有可读性。

行业分析报告

行业分析报告是项目实施主体为了实施某一经济项目而委托专业研究机构编撰的重要文件，其主要内容一般是通过国家政府机构及专业市调组织的一些最新统计数据及调研数据，根据合作机构专业的研究模型和特定的分析方法，经过行业资深人士的分析和研究，做出的对当前行业、市场的研究分析和预测。

一、行业分析报告的特点

行业分析报告具有两个特点。

一是具有很强的时效性。行业分析报告基于最新的数据（主要来源于国家统计局、海关总署、商务部、各行业协会、研究机构和市场一线）形成，涉及的行业动态也是当前最新的，要求与时俱进，时效性显著。

二是具有高度的专业性。行业分析报告要对行业运行数据进行纵向和横向的定量分析，对相关国家、相关地区、相关产业进行比较研究，进而定性地评估行业现状、预测行业未来发展趋势，提出前瞻性的观点和相关建议，因此需要较强的专业技能作为支撑。

二、行业分析报告的写作要领

一份有价值的行业分析报告有助于快速系统地了解行业的过去、掌握行业的现在、把握行业的未来，为政府部门、金融保险机构、企业和个人进行市场研究、行业分析、战略决策提供科学的依据和参考。

行业分析报告一般由标题、摘要、正文、附录四个部分组成。

一是标题。行业分析报告的标题要引人注目，力求简短，一般由行业名称、文种名构成，如"家居行业分析报告""建筑装饰行业分析报告"等。

二是摘要。摘要在对行业分析报告进行总结的基础之上，简短陈述报告的研究目的和范围、主要方法和过程、主要内容和成果、研究结论和独到的见解。语言要简单精辟、明确易懂。

三是正文。正文是行业分析报告的主体部分，主要包括行业概况、行业发展的影响因素、行业特征分析、行业市场竞争结构分析、行业评价和有关建议等内容。行业评价是整篇报告的总结，要求评价客观公正、精练准确，论据充分可靠。正文的写作要做到结构严谨，条理分明，数据可靠，文字精练，图表清晰整齐。

四是附录。不便编入正文的材料可列入附录，如行业分析报告使用的符号的意义、复杂的数据图表、单位缩写、程序全文及有关说明等。

行业分析报告写作的注意事项有四个。首先，思路要清晰，知道如何写，核心内容是什么，如何展开观点等。其次，逻辑要严密，具有条理性，谨慎选择和归纳重要的结论，使报告更有说服力。再次，数据要翔实，确保分析的客观性、科学性和专业性。最后，格式要规范，架构要合理，内容要完整。

三、行业分析报告的范例

×××行业分析报告

摘要：（略）

第一章　×××行业发展概况

第一节　×××行业概况

一、×××行业产品链及产业链构成

二、×××行业发展历程及当前发展阶段

三、××××年×××行业发展现状

四、×××行业技术发展水平

五、行业经营模式

第二节　×××行业竞争格局

第三节　×××行业利润水平变化

一、×××行业利润变化统计

二、引起×××行业利润变化的原因

第四节　中国行业发展环境分析

一、宏观经济环境

二、国际贸易环境

三、宏观政策环境

四、行业政策环境

五、行业技术环境

六、国内外经济形势对行业发展环境的影响

第二章　×××行业市场分析

第一节　市场规模分析

第二节　市场结构分析

第三节　市场特点分析

第三章　×××行业生产分析

第一节　生产总量分析

第二节　子行业生产分析

第三节　细分区域生产分析

第四节　行业供需平衡分析

第四章　×××行业产品市场分析

第一节　××××—××××年×××行业细分产品产量统计

第二节　××××—××××年×××行业细分产品市场容量统计

第三节　××××—××××年×××行业产品结构变化

第四节　××××—××××年×××行业产品价格变化

第五节　××××—××××年×××行业产品产量预测

第六节　××××—××××年×××行业产品市场容量预测

第七节　×××行业产品市场客户群消费调查

一、客户群分类分析

一、子行业投资策略

二、区域投资策略

三、产业链投资策略

第四节　企业应对当前经济形势策略建议

一、战略建议

二、财务策略建议

附录：（略）

此文为行业分析报告模板，构建了完整、通用的行业分析报告框架，通过各子项目的细化研究，指导研究人员采集相关信息，并在此基础上，得出行业发展前景、营销、投资等策略建议，发掘投资机会，提示投资风险。由于此模板是一个通用且较为全面的框架，我们在使用时应根据实际工作需要进行删减和调整。

技术报告

技术报告是对客观事物进行深入调查，从中获得充分而又真实的材料，经过加工整理、归纳分析，并按照一定的原则组织起来的创造性研究成果的记录，是科学研究活动的重要组成部分，往往进行内部发表或者非正式发表。

一、技术报告的特点

技术报告具有五个特点。

一是实践性。技术报告以大量的科技实践、实验过程、成果为依据，如实反映科学实践、实验的情况，既反映研究成果，也反映研究工作的进展过程、存在的问题或研究失败的原因，是来源于实践的报告。

二是告知性。技术报告主要用于向上级科研主管部门或资助单位汇报以便其掌握情况，向同行或合作者讲解分享以便互通消息，促进学术交流和合作。告知性是技术报告的根本特性。

三是保密性。技术报告绝大多数因如实反映新的科研成果、新技术装备，不宜公开发表，保密性强，读者范围规定严格。

四是时效性。技术报告的发表不同于科技论文的发表，不需要本行权威在学术上进行审查、编辑部进行编辑加工等过程，发表速度相对较快，具有时效性。

五是灵活性。技术报告的写作以叙述和说明为主，写作格式不受拘束，篇幅可长可短，十分灵活。

二、技术报告的写作要领

技术报告的写作要求是文字凝练、论点清晰、论据有力，能全面反映科研过程和结果。虽然其写作可以不拘一格，但是必须讲清楚技术概述、实验的经过、实验的分析和结论这三部分主要内容。

一是技术概述。概述技术背景，说明现有技术基础和工作基础等情况。

二是实验的经过。主要说清楚实验目的、实验条件仪器、实验设备及实验步骤等内容，要求如实反映、精准描述。

三是实验的分析和结论。可以说明相关领域的研究开发情况以及与国内外同类技术的比较情况，通过理论和实验的结果得出结论和分析。如取得成果，要展示出关键技术的科学性、先进性和创新性，预测技术的运用效益等。如存在问题，要分析实验的缺陷或理论偏差等。

技术报告可以用附录，如附上展示实验经过的图片，使报告更具有说服力。

三、技术报告的范例

×××技术报告

×××× 年 × 月至 ×××× 年 × 月，×××× 项目组开展了 ×××× 生产技术研究项目。××× 公司提供了充足的人力、物力、财力，保证了项目的进行。此项目目前实现了技术、工艺、结构方面的创新，完成了 ××××××××。

一、技术概述

（一）传统生产技术情况

（二）×××× 生产技术研究的意义

（三）研究的主要任务和现有条件

二、实验的经过

（一）实验方案

（二）实验原理

（三）实验过程

三、实验的结果和分析

（一）实验结果

（二）技术创新点

（三）未来效益

此文为技术报告模板，使用时应根据实际情况进行删减或修改。

可行性报告

可行性报告是在制订生产、基建、科研计划之前，通过全面的调查研究，分析论证实施该项目是否可行，以求确定一个在技术上合理、经济上合算的最优方案和最佳时机而撰写的书面材料。

一、可行性报告的特点

可行性报告具有四个特点。

一是科学性。可行性报告作为研究的书面形式，运用的是综合性分析方法，对项目的分析、评判是建立在客观基础上的，所以科学性是第一特点。

二是预见性。可行性报告是在事件没有发生之前，对项目建成、科研成功以后可能取得的财务、经济效益及社会影响进行预测，具有预见性。

三是公正性。可行性报告要对项目进行充分的调研分析，立足于确定可行与不可行的基本出发点，其公正客观与否直接影响着项目未来建设效果的好坏，也可能决定一个企业或一个地区发展的未来。

四是详备性。可行性报告从项目的自主创新状况、环境条件、市场前景等诸多方面，进行必要性、适应性、可靠性、先进性等多角度的研究，进行比较、甄别、权衡、评价，往往还加上试验数据、论证材料、计算图表、附图等附件，以增强说服力，内容非常详尽完备。

二、可行性报告的分类

根据用途的不同，我们可以把可行性报告分为用于企业融资、对外招商合作的可行性报告，用于国家发展和改革委员会立项的可行性报告，用于申请进口设备免税的可行性报告，用于银行贷款的可行性报告，用于境外投资项目核准的可行性报告等。

三、可行性报告的写作要领

可行性研究以市场供需为立足点，以资源投入为限度，以科学方法为手段，以一系列评价指标为结果，因而可行性报告通常由标题、总论、正文、附录四个部分构成。

一是标题。一般由事由、文种构成，如"××公司申报××项目可行性报告""关于×××可行性报告"等。

二是总论。总论综合叙述项目的基本情况，内容一般包括项目的名称、承办单位、历史背景及概况等。总论的撰写尤为重要，项目的报批、贷款融资、招商合作等主要看这一部分。

三是正文。正文是可行性报告的主体，运用系统分析方法，综合考虑各方面的因素，对项目实施的可行性进行客观、全面而准确的分析和预测。不同类型、不同用途的可行性报告在正文部分通常有不同的侧重点。比如，某生产项目可行性报告的正文，主要内容包括市场情况与企业规模、资源与原料及协作条件、厂址选择方案、项目技术方案、环保和节能方案、工厂管理机构和员工方案、项目实施计划和进度方案、资金筹措、经济评价、结论等。

四是附录。在可行性报告正文结束后补充的相关材料，可以是各类数据、图片表格或是参考文献等。

可行性报告写作的注意事项有三个。第一，要明确研究对象，进行深入的调查研究，充分掌握资料，以对预先设计的方案进行科学论证。第二，要确保内容的真实性。涉及的相关情况和数据不能有任何偏差及失误，要经过反复核实。第三，要论证严密。必须围绕影响项目的各种因素进行全面、系统的分析，既要有宏观分析，又要有微观分析，以确保预测的准确性。

四、可行性报告的范例

关于××××的可行性报告

第一章　总论

　　一、项目名称

　　二、项目承建单位

　　三、项目背景

　　四、项目投资概况

1. 拟建地点

2. 建设规模与目标

3. 项目投资资金及效益情况

五、可行性研究报告的编制依据

第二章　市场分析

一、行业发展情况

1. 行业经济运行情况

（1）行业经济效益稳步增长

（2）行业主营业务收入不断增长

2. 行业生产技术情况

3. 行业进出口情况

二、市场竞争情况

1. 行业 SWOT 分析

（1）优势（Strengths）

（2）劣势（Weaknesses）

（3）机会（Opportunities）

（4）威胁（Threats）

2. 行业竞争趋势

三、项目产品市场分析

1. 产品市场供需情况

2. 产品市场分析

（1）国外市场应用现状

（2）产品市场预测

3. 产品技术发展趋势

4. 项目建设的必要性

四、项目投产后生产能力预测

五、该项目企业在同行业中的竞争优势分析

六、项目企业综合优势分析

1. 区位优势

2. 技术领先优势

3. 销售渠道优势

4. 有完善的营销和服务体系

七、项目产品市场推广策略

第三章　产品方案和建设规模

一、产品方案

二、建设规模

第四章　项目地区建设条件

一、地理位置

二、气候

三、基础设施

四、投资优惠政策

五、社会经济条件

1. 经济总量

2. 农业

3. 工业

4. 建筑业和房地产开发业

5. 固定资产投资

6. 国内贸易

7. 对外经济

第五章 技术方案设计

一、总平面布置

1. 总平面布置原则

2. 生产车间

3. 办公及生活用房

4. 道路及运输

5. 绿化

二、产品生产技术方案

1. 项目技术来源

2. 产品生产方案

（1）产品生产组织形式

（2）工艺技术方案

（3）主要生产设备

三、辅助公用工程及设施

第六章 环境保护与节约能源方案

一、环境保护方案

1. 设计依据

2. 主要污染源、污染物及防治措施

（1）项目建设期环境保护

（2）项目生产期环境保护

（3）绿化设计

（4）环境保护投资估算

二、节约能源方案

1. 节能原则

2. 节能措施

第七章 职业安全与卫生及消防设施方案

一、设计依据

二、安全教育

三、劳动安全制度

四、劳动保护

五、劳动安全与工业卫生

六、消防设施方案

第八章 企业组织、劳动定员和人员培训

一、企业组织

1. 项目法人组建方案

2. 管理机构组织机构图

二、劳动定员和人员培训

第九章 项目实施进度与招投标

一、项目实施进度安排

1. 土建工程

2. 设备安装

二、项目实施进度表

三、项目招投标

第十章　投资估算与资金筹措

一、投资估算的依据

二、项目总投资估算

1. 建设投资估算

2. 建设期利息估算

3. 流动资金估算

三、资金筹措与还款计划

第十一章　财务效益评价、社会效益和社会影响分析

一、财务效益评价

1. 评价依据

2. 评价内容

3. 财务效益评价结论

二、社会效益和社会影响分析

1. 项目对当地政府税收收益的影响

2. 项目对当地居民收入的影响

3. 项目对相关产业的影响

第十二章　项目风险因素识别

一、政策法规风险

二、市场风险

三、技术风险

第十三章　可行性研究结论建议

一、结论

二、建议

附录：

1. 项目产品生产工艺流程图

2. 项目主要生产设备清单

3. 企业组织机构图

4. 项目实施进度表

5. 项目招标计划表

6. 项目总投资分析表

7. 项目投产后原材料费用估算表

8. 项目投产后总成本费用估算表

9. 项目投产后利润估算表

10. 项目不确定性因素评价表

11. 项目建设投资估算表

12. 项目流动资金估算表

13. 项目固定资产折旧表

14. 项目无形及递延资产摊销表

15. 项目销售税金及附加估算表

16. 项目利润与利润分配表

17. 项目现金流量表（全部投资）

18. 项目还本付息计划表

19. 项目资产负债表

此文为可行性报告模板，是非常严谨且具有高度数据量的报告框架，使用时应根据实际项目情况和报告的用途进行删减和灵活调整。

理论文章

理论文章是为了研究某个理论问题、论述某个道理、发表个人见解而写的文章，是宣传党的理论、路线、方针、政策的重要手段。

一、理论文章的特点

理论文章是对客观事物或现实问题进行理性思考的产物，具有四个特点。

一是现实性。理论文章是为探讨和解决现实生活中的各种社会问题服务的，理论联系实际是其生命线。

二是政治性。理论文章也是直接为政治服务的，为领导机关决策提供依据是其价值所在。

三是理论性。理论文章主要通过论点、论据、论证来"以理服人"。

四是逻辑性。理论文章运用形式逻辑和辩证逻辑的思维形式进行判断和推理。

二、理论文章的分类

理论文章可以分为时政论文、工作论文和心得体会三类。时政论文是以议论为主要表达方式，探讨、论述各种现实理论问题，表述理论研究成果，或用理论来说明和指导解决现实问题的论文，大多发表在报纸、时政刊物、工作刊物、理论学习宣传刊物上。工作论文是研究、探讨、总结工作中的实际问题，表述对工作规律的理性认识的论文，包括工作课题研究文章、探讨研究性调查报告、上升到理论高度的工作经验体会文章。心得体会是表述工作和学习中内心感悟、思想收获、认识体会的文章，如读书心得、中心组学习体会、培训班学习体会等。

理论文章的标题要力求准确、精练、鲜明、有特点，正文里的小标题不宜过长，尽量短促有力、对仗工整，显得既美观，又朗朗上口。理论文章正文的写作一般是循着提出问题、分析问题、解决问题的路线展开的，转化为文章的结构，就是"三段论式"，即导论、正论、结论。

一是导论。导论是理论文章的开头部分，又称引论、绪论、前言、引言，用来"提出问题"，或者表明观点结论，统领全文，引导读者阅读和领会文章的观点。导论的写作要力求凝练，字数不宜过多，可以提出问题，介绍问题提出的背景、缘由或意义，以及对问题的基本看法，表明自己的观点；也可以简要介绍正论的基本内容，或先从事实导入，即事明理。

二是正论。正论是理论文章的主体部分，又称本论，以中心论点为主，各部分先后有序、合乎逻辑地进行论证。其结构形式有三种：一种是并列式结构，各个分论点相提并论，各个层次平行并列，分别从不同的角度、不同的侧面展开论述；一种是递进式结构，各个分论点之间是递进关系，层层深入地展开论述；还有一种是混合式结构，即交错使用并列式和递进式结构。不管采用何种结构形式，都要确保中心突出、层次清楚、内在逻辑分明。

三是结论。结论是理论文章论证的结果和归宿，表明对论证的问题所持的总体看法或主张。如果中心论点在开头部分就提出来了，结论就是对中心论点的重申或深化。结论的内容不可和前文重复，应有所区别、有所变化，要准确鲜明、简洁有力。

理论文章写作的注意事项有四个。第一，选题要准。选题必须观点新、角度新，要联系实际、以小见大，有力地回答人们关心的热点、难点和疑点问题，达到指导工作、澄清是非、解疑释惑的目的。第二，材料收集要精。围绕文章主题来搜集、选择和组织材料，通过分析归纳，从中得出思想认识并加以深化，形成深刻的观点。第三，谋篇布局要巧。把导论、正论和结论联合为一个整体，做到结构严谨、层次分明、条理清楚。第四，语言表达要实。将深奥的理论通俗化，多使用大众化语言，善用比喻和典故，力求简洁明了、形象生动。

三、理论文章的范例

学好百年党史 走好新长征路

历史是最好的教科书，常学常新；党史是最好的营养剂，催人奋进。习近平总书记在党史学习教育动员大会上强调："在庆祝我们党百年华诞的重大时刻，在'两个一百年'奋斗目标历史交汇的关键节点，在全党集中开展党史学习教育，正当其时，十分必要"。江西是一片充满红色记忆的红土地，党史上的许多重大事件曾经在这里发生，共产党人的文韬武略大都在这里试验过、预演过。我们要深入学习贯彻习近平总书记重要讲话精神，充分发挥江西红色资源优势，紧紧围绕学党史、悟思想、办实事、开新局，扎实开展党史学习教育，学好百年党史、传承红色基因、凝聚奋进力量，切实做到学史明理、学史增信、学史崇德、学史力行，走好新时代长征路，奋力谱写全面建设社会主义现代化国家江西篇章，描绘好新时代江西改革发展新画卷。

牢记"革命理想高于天"，始终坚定共产主义理想信念。心中有理想，脚下有力量，前进有方向。我们党从诞生之日起，就把马克思主义写在自己的旗帜上，把实现共产主义确立为最高理想。我们党的每一段革命历史，都是一部诠释理想信念的生动教材。中国共产党从苦难走向辉煌、从胜利不断走向胜利，无数革命先烈前赴后继、视死如归，靠的就是理想信念，正所谓"革命理想高于天"。在江西这块红土圣地上，有名有姓的革命烈士就有近 26 万人，他们用鲜血和生命铸就了伟大的井冈山精神、苏区精神、长征精神，也为我们留下了许多可歌可泣的英雄故事、树立了一座座信仰信念的精神丰碑。方志敏烈士在就义前慷慨陈词："敌人只能砍下我们的头颅，决不能动摇我们的信仰！因为我们信仰的主义，乃是宇宙的真理！"这是多么崇高的境界！可以说，为了实现共产主义理想，一代又一代中国共产党人付出了巨大的牺牲，铸就了中国共产党人信仰信念的钢筋铁骨。今天，战争年代的那种血与火的生死考验虽然少了，但具有许多新的历史特点的伟大斗争仍在继续。我们学习党史，就是要切实从党的百年历史中汲取强大的信仰力量，深刻认识红色政权来之不易、新中国来之不易、中国特色社会主义来之不易，深刻认识中国共产党为什么"能"、马克思主义为什么"行"、中国特色社会主义为什么"好"，切实补足精神之钙、赓续精神血脉、挺起精神脊梁，不断增强中国人的志气、骨气、底气。要时刻以革命先烈先辈为镜，在乱云飞渡的复杂环境中不迷失方向，在泰山压顶的巨大压力下不退缩逃避，在各种糖衣炮弹的轮番轰炸下不缴械投降，自觉做共产主义远大理想和中国特色社会主义共同理想的坚定信仰者、忠实实践者，真正成为百折不挠、终生不悔的马克思主义战士。

牢记"党的领导是我们的最大制度优势"，始终自觉做到"两个维护"。坚持党的领导是中国革命、建设、改革取得胜利的根本保证，也是我们党战胜风险挑战、创造世纪伟业的关键所在。回顾我们党的历史，什么时候党的领导坚强有力，党中央权威和集中统一领导得到坚决维护，我们党的事业就兴旺发达、蒸蒸日上，否则就会遭遇挫折。1935 年的遵义会议，确立了毛泽东在党中央和红军中的领导地位，我们党开始形成坚强的领导核心，从此中国革命的面貌焕然一新。延安时期，毛泽东用一个电台来指挥千军万马，"嘀嗒嘀嗒"就是毛主席和党中央的声音，全党全军都无条件地执行，形成了无坚不摧的磅礴力量。党的十八大以来，正是因为有以习近平同志为核心的党中央坚强领导，有习近平新时代中国特色社会主义思想科学指引，我们才能战胜前进道路上的各种风险挑战，党和国家事业才能发生历史性变革、取得历史性成就。党的坚强领导，始终是风雨袭来时中国人民最坚实的靠山。我们学习党史，就是要以史为鉴、知史明理，毫不动摇地坚持和加强党的全面领导，坚决维护以习近平同志为核心的党中央权威和集中统一领导，深学笃行习近平新时代中国特色社会主义思想，不断提高政治判断力、政治领悟力、政治执行力，切实增强"四个意识"、坚定"四个自信"、做到"两个维护"。要经常与党中央精神对标对表，严守党的政治纪律和政治规矩，始终胸怀"两个大局"、心系"国之大者"，确保在思想上政治上行动上同以习近平同志为核心的党中央保持高度一致，努力把江西打造成为最讲党性、最讲政治、最讲忠诚的地方，让革命老区忠诚于党的红色基因代代相传。

牢记"全心全意为人民服务"，始终当好人民的勤务员。回顾百年党史，我们党为人民而生、因人民而兴，战争年代为人民打天下，执政之后为人民治国家。早在建党建军初期，毛泽东就告诫全党：共产党人的一切言论行动，必须以合乎最广大人民群众的最大利益，为最广大人民群众所拥护为最高标准。改革开放以后，邓小平提出要以人民拥护不拥护、赞成不赞成、高兴不高兴、答应不答应作为全党想事情、做工作的基本尺度。党的十八大以来，以习近平同志为核心的党中央坚持把人民对美好生活的向往作为奋斗目标，提出坚持以人民为中心的发展思想，进一步丰富和发展了马克思主义群众观。2016年习近平总书记亲临江西视察时指出，我们国家是人民当家作主，包括我在内，所有领导干部都是人民勤务员。2019年习近平总书记再次亲临江西视察，又语重心长叮嘱我们，要以百姓心为心，当好人民勤务员。回望党的百年历程，我们党之所以能够在攻坚克难中不断取得胜利，就是因为始终坚守为人民谋幸福的初心，有人民群众这个真正的铜墙铁壁。我们学习党史，就是要牢记人民是我们党执政的最大底气，不忘初心、牢记使命，自觉树立正确的历史观和群众观，始终把人民放在心中最高位置，全心全意为人民服务，努力实现好、维护好、发展好最广大人民的根本利益。

要坚持把人民至上的理念付诸于改革发展的全部实践，增进群众感情、走好群众路线，在深入调查研究的基础上，坚持从问题出发、从小处入手、从实处着力，扎实开展"我为群众办实事"实践活动，以改善民生的实际成效体现学习教育效果，不断厚植党长期执政的阶级基础和群众根基。

牢记"越是艰险越向前"，始终勇于攻坚善于斗争。我们党的百年历史，艰苦卓绝、波澜壮阔。在领导中国革命、建设和改革的进程中，我们党经历过残酷的环境，遭遇过失败的挫折，背负过沉重的压力，面临过各种各样的风险、挑战和考验。但是一路走来，我们党始终风雨兼程，无数共产党人顽强拼搏奋斗，进行了可歌可泣的斗争，战胜了难以想象的困难，谱写了气壮山河的史诗，取得了举世瞩目的成就，带领中华民族迎来了从站起来、富起来到强起来的伟大飞跃。可以说，我们党之所以历经百年而风华正茂、饱经磨难而生生不息，就是凭着那么一股革命加拼命的精神。正是因为我们党永葆斗争精神，不畏强敌、不惧风险，"越是艰险越向前""斗罢艰险又出发"，才一次次"踏平坎坷成大道"。今天，我们比历史上任何时期都更接近、更有信心和能力实现中华民族伟大复兴的目标。习近平总书记反复告诫我们，"船到中流浪更急，人到半山路更陡"，越是接近民族复兴越不会一帆风顺，越充满风险挑战乃至惊涛骇浪。我们学习党史，就是要总结历史经验、认识历史规律、把握历史方位、增强历史自觉，在新的长征路上大力发扬敢于斗争、善于攻坚、勇于胜利的精神，逢山开路、遇水架桥，朝着实现第二个百年奋斗目标、实现中华民族伟大复兴的中国梦砥砺前进。特别是面对大事急事、棘手难题，必须顶得上去、扛得起来，迎难而上干好每一天、做好每件事，坚决顶起自己该顶的那片天，在化危为机、担当实干中不断开创各项事业发展新局面。

牢记"为政清廉才能取信于民"，始终保持共产党人的政治本色。回顾我们党的历史，就是一部敢于刀刃向内、刮骨疗毒，坚持从严管党治党、坚决反对腐败变质的自我革命史。井冈山斗争和中央苏区时期，在敌强我弱、一片白色恐怖的恶劣条件下，我们党就始终保持对腐败的高度警惕，坚定不移地惩治新生红色政权和军队内部的腐败现象，有效保证了党和军队肌体的健康，赢得了人民群众的信任和支持。瑞金叶坪的"一苏大"会址——谢氏宗祠，用木板隔出的 15 个房间，住下了当时苏维埃政府整个首脑机关的 10 多个部门。"苏区干部好作风，自带干粮去办公，日着草鞋干革命，夜打灯笼访贫农"，这首红色歌谣是我们党清正廉洁、作风优良的生动写照。党的十八大以来，以习近平同志为核心的党中央以巨大的政治勇气推进全面从严治党，以雷霆万钧之势推进正风肃纪反腐，使党风政风焕然一新，极大凝聚了党心军心民心。我们学习党史，就是要传承弘扬我们党的光荣传统和优良作风，大力加强党的先进性和纯洁性建设，持续破除"四风"顽疾，坚决清除腐败毒瘤，不断增强自我净化、自我完善、自我革新、自我提高的能力，永葆共产党人清正廉洁的政治本色。要坚定不移推进全面从严治党，切实把严的主基调长期坚持下去，坚决整治群众身边的腐败和作风问题，一体推进不敢腐、不能腐、不想腐体制机制建设，推动全省政治生态持续向上向好，引领保障"十四五"开好局起好步，以优异成绩庆祝建党 100 周年。

这篇理论文章是党史学习教育里的时政论文，有几个鲜明的特点值得我们学习与借鉴。一是言之有"物"，提出"学好百年党史 走好新长征路"这一很有针对性的论点，真正把当前人们关心的、迫切需要讲清楚的"如何学党史"问题，从理论与实践结合的角度加以阐述。二是言之有"理"，用 5 个"牢记"和 5 个"始终"系统地概括内容，通过鲜活的事实证明道理，进一步加深读者对学党史学什么的认识。三是言之有"情"，用党史里人们了解、熟悉、感兴趣的历史来说明问题、阐述道理，显得亲切、可信。四是言之有"准"，贯穿全文的中心思想和重要论点，同党中央的精神保持严格一致，重要事实同党的历史实际情况相符合，内容恰到好处。

会见谈话参考

会见谈话参考即会谈参考资料，是为事先将来宾的背景材料、有关重要信息、会谈的具体内容等提供给要出席会见活动的领导同志而写的文稿，以便其了解、掌握对方的情况，有利于更好地举行会谈。

一、会见谈话参考的特点

会见谈话参考具有两个特点。

一是针对性。会见谈话参考主要是根据会谈主题和来宾而提供的与之相关的资料，针对性地安排和把握谈话内容。

二是口语化。会见谈话参考通过模拟会见时的场合和环境组织语言，是领导同志现场向来宾进行口头表达的依据，所以口语化是其写作的必然要求。在遣词用语上既要运用生活化的语言，也要符合领导同志的语言习惯，多用短句，以方便讲述。

二、会见谈话参考的分类

根据会见内容的不同，我们可以把会见谈话参考分为礼节性内容的会见谈话参考、政治性内容的会见谈话参考、事务性内容的会见谈话参考、综合性内容的会见谈话参考。

三、会见谈话参考的写作要领

写会见谈话参考应该提前做好准备工作。首先要熟悉和了解情况，包括了解来宾的姓名、籍贯、履历等情况，特别要掌握来宾以前是否来过本地本单位，是第几次来本地本单位，是否与领导同志熟悉，到访的主要原因等情况；还要了解会见的具体时间、地点和议程安排情况，特别要掌握有无签约仪式、互赠礼品仪式等。其次要收集相关资料，应注意收集其所在省份（城市）的基本概况、经济社会发展情况及与本地本单位合作交流的情况。如果来宾是国外友人，还要注意收集其所在国家（城市）的概况、风土人情、经济社会发展情况、与国内（本地）的合作交流情况等。我们还要根据来宾的主要目的收集相关政策，如果来宾前来投资项目，就要收集上级和本地相关政策，掌握在哪些方面可以予以扶持，在哪些方面应明令禁止，以及扶持的力度、规定的标准等情况，此外还要收集本地与项目相关的工作情况。

会见谈话参考由标题、开头、正文、结语、附件五个部分构成。

一是标题。标题一般由文种名、会见对象组成，如"会见×××谈话参考"。

二是开头。开头应表达热烈欢迎和问候，给来宾以亲切、热情的感觉，营造出愉悦友好的氛围。

三是正文。正文说明欢迎的情由，高度评价来宾来访的意义，叙述彼此的交往、情谊，回忆以往双方友好交往、愉快合作的历史，展望双方未来共谋发展、合作共赢的美好前景等。对初次来访者，可赞颂其在某些方面取得的成就，多介绍本地本单位的情况。

四是结语。结语再次对来宾的到来表示真诚的欢迎和祝颂，也可以简单介绍日程安排。

五是附件。附件主要包括来宾的个人简介，以及其他供领导参阅的资料。

四、会见谈话参考的范例

会见×国××集团代表团谈话参考

非常荣幸在××省××市接待×国××集团代表团的各位嘉宾。首先，我谨代表××××，向各位嘉宾的到来，表示热烈的欢迎。

××省位于中国中部腹地，面积达××万平方公里，人口为

××××万。××市面积达××××平方公里，人口为×××万。

××省同×国在友好交往、文化教育、能源、汽车制造及零部件生产、化学、副食品加工、农业、林业等领域有着广泛和实质性的合作。最早的交流与合作始于××领域，早在20世纪××年代，×国就与××××建立合作关系。目前，双方的合作已取得令人瞩目的成果，××××已经成为××省对×国××集团开展合作交流的重要基地和窗口。

近年来，在经贸交流方面，×××××××××××××××××××××××××；在友好城市建设方面，××省已与×××××、××××、××××、×××××等地方人民政府建立了友好联系；在文化合作方面，双方文化艺术团体的频繁互访有效促进了中国人民与×国人民的沟通了解。双方通过互派考察团、举办投资说明会等形式建立了稳固的交流渠道，已经形成了全方位、多层次合作格局。

××集团是×国大型跨国集团，是世界500强企业，历史悠久，综合实力雄厚，发展理念先进，是我们理想的合作伙伴。当前，××省上下正在×××××的发展新路上××××××××××××××××××××××××××，××××的美好前景为我们深化合作提供了广阔空间。

在此，我提几点合作建议：一是大力加强双方在××××领域的合作；二是欢迎参与××××开发开放；三是进一步拓展合作领域。

最后，衷心祝愿两国人民友谊地久天长，祝各位嘉宾在××省××市度过一段愉快的时光。

附件：

1. ××集团简介

2. 代表团人员简介

政策解读

政策解读是为了向人们比较详细地解释新近出台的重大政策、决策的具体内容和精神而撰写的文稿，使人们看后对出台的重大政策、决策有较为清晰的认识，有利于增强政策、决策的影响力、执行力和效力。

一、政策解读的特点

政策解读有三个特点。

一是权威性。进行政策解读的一般是主流媒体，特别是各级党报，它们长期以来在受众中的威信较高、说服力较强，对重大政策和决策的解读容易在受众中形成范围较广、相对稳定的舆论传播。政策解读必须有独特的见解、独到的思考，发出权威的声音，通过树立权威、建立公信来影响有"影响力"的人群，进而影响整个社会。

二是党性原则。进行政策解读的前提是坚持党性原则，坚持政治意识、大局意识和责任意识，服从和服务于改革发展的稳定大局，以专家的眼光准确把握国家大政方针的精神与实质，进而用对新出台政策的权威解读和理性阐释，来引导群众准确把握政策变化带来的各种影响。

三是时效性和实用性。政策解读一般在政策出台后第一时间进行，如在出台当天或三天内频繁进行解读，以引起群众的关注，所以有时效性的要求。政策解读的内容实用性强，既靠近政策，又贴近群众，多半从群众切身利益的角度来切入。

二、政策解读的写作要领

要想写好政策解读，我们应该具备准确解读政策的能力。首先，要掌握马克思主义的立场、观点和方法。只有这样，才能在纷繁复杂的社会形势中准确理解和全面把握党的路线、方针、政策以及上级的指示精神，从根本上提高理论政策水平。其次，要认真分析政策出台的形势和背景。充分认识复杂多变的社会环境以及在此背景下出台政策的缘由和意义，有效避免出现理解上的偏差。再次，要准确把握制定政策的宗旨和目标。不以偏概全，不教条地、僵化地理解政策，这样才能更好地解读政策、服务大众。最后，要注重对政策的长期积累和融会贯通。既要了解现行政策，也要了解以往政策，尽可能全面、系统地了解和掌握我国经济社会发展方方面面的方针政策。

对重要的政策，特别是涉及市场主体和群众切身利益的政策，一般由出台政策的部门、专业机构、专家学者撰稿解读，解读形式包括政策问答、在线访谈、媒体专访、答记者问、新闻发布会解读等。政策解读可以通过文字说明及数字化、图表图解、视频等不同方式展现。

因为报道形式的不同，政策解读可以综合应用多种新闻体裁，从不同角度揭示政策的影响和内涵，其文章的结构也不尽相同。比如，要写政策出台的新闻内容，可以采用消息体裁；要具体揭示政策出台的背景，分析政策的宏观和微观影响，提示应对举措，可以采用通信体裁；要阐明多方观点，可以采用评论体裁；要解疑释惑，可以采用采访问答体裁；要对政策进行多元化的阐释，可以通过新闻链接、名词解释、记者手记、编者按等形式来进行。必要时，还可以组织开展专题解读、系列解读。

不管采用哪种结构形式，都要在标题、正文和语言上下功夫，通过内容和形式的完美统一，让政策解读更具专业性、全景性和可读性。

一是标题。政策解读的标题必须突出重点、让人一目了然。大标题要能体现文章的主要内容和形式，如"'科技新政30条'专题解读系列""国务院教育督导委员会办公室负责人就《加快中西部教育发展工作督导评估监测办法》答记者问"。小标题要对内容繁杂的政策条文进行拆分、提炼，必须简洁明晰，让人能很容易就抓住关键点。

二是正文。政策解读的内容应当全面、详尽、准确，主要包括政策的背景依据、目标任务、主要内容、涉及范围、执行口径、操作方法、注意事项、关键词诠释、惠民利民举措等，尤其应包括涉及群众切身利益的政策调整，以及政策出台后给群众带来的政策红利等。同时，根据政策执行过程中遇到的新问题、群众反映的新热点，要及时进行有针对性的补充解读，积极回应群众关切。

正文可以从以下三个方面切入。第一，政策出台的背景是什么？梳理出政策出台的逻辑线索，说清来龙去脉、前世今生，让读者明白，在此时间节点出台此项政策是水到渠成、恰逢其时的。第二，政策对行业、对企业、对群众的影响是什么？在宏观层面要透彻分析政策对经济发展的综合影响，在微观层面要讲清政策对相关群体的具体利害关系，介绍应对策略。第三，有关主体对政策有哪些反响、评论和建议？充分表达各界声音，以发展的眼光预测将来的走向，提示群众早做安排。

三是语言。必须使用深入浅出、通俗易懂的语言对"红头文件"的专业术语加以转换、翻译，尽量把抽象的政策文件和法规条文用故事的形式讲解得通俗易懂，在保证专业性的同时增强可读性，从而吸引读者的"眼球"，让其乐于读、容易读。文章中可以配以案例、图表、数据，帮助读者更直观、清晰地理解政策；还可以比较新旧政策，从而让读者轻松掌握政策变化点。

三、政策解读的范例

范例 1

坚决贯彻中央决策部署　深入推进"双减"工作
——教育部有关负责人就《关于进一步减轻义务教育阶段学生作业负担和校外培训负担的意见》答记者问

2021 年 5 月 21 日，中共中央总书记、国家主席、中央军委主席习近平主持召开中央全面深化改革委员会第十九次会议，审议通过了《关于进一步减轻义务教育阶段学生作业负担和校外培训负担的意见》（以下简称《意见》）。近日，中共中央办公厅、国务院办公厅印发了《意见》。教育部有关负责人就《意见》有关问题回答了记者提问。

（略）

问："双减"工作的总体目标是什么？

答："双减"工作的总体目标分为两个方面。在校内方面，使学校教育教学质量和服务水平进一步提升，作业布置更加科学合理，学校课后服务基本满足学生需要，学生学习更好回归校园。在校外方面，使校外培训机构培训行为全面规范，学科类校外培训各种乱象基本消除，校外培训热度逐步降温。

一年内使学生过重作业负担和校外培训负担、家庭教育支出和家长相应精力负担有效减轻，三年内使各项负担显著减轻，教育质量进一步提高，人民群众教育满意度明显提升。

问：如何减轻学生过重作业负担？

答：……"双减"工作之一就是要减轻学生不合理的作业负担。……一是减少作业总量。通过健全作业管理机制、完善作业管理办法、合理调控作业结构、建立作业校内公示制度，坚决防止学生书面作业总量过多。二是提高作业质量。通过系统设计符合年龄特点和学习规律、体现素质教育导向的基础性作业，布置分层作业、弹性作业和个性化作业，坚决克服机械、无效作业，杜绝重复性、惩罚性作业。三是强化教师职责。通过教师切实履行好作业指导职责，指导小学生在校内基本完成书面作业、初中生在校内完成大部分书面作业，并及时做好反馈、加强面批讲解、做好答疑辅导，不得要求学生自批自改作业。四是减轻家长负担。布置作业或批改作业属于学校教育的范畴，所以《意见》要求严禁给家长布置或变相布置作业，严禁要求家长检查、批改作业，不给家长增加额外负担。

问：如何进一步提升课后服务水平？

答：……《意见》对加强课后服务提出保证服务时间、提高服务质量、拓展服务渠道等明确要求，旨在增强学生和家长的幸福感、获得感、安全感。一是解决家长上班时间无法接送的后顾之忧。延长课后服务时间，结束时间原则上不早于当地正常下班时间，对有特殊需要的学生提供延时托管服务，初中学校工作日晚上可开设自习班。二是满足学生个性化需求。既可以通过课后服务时间指导学生认真完成作业，又可以对学习有困难的学生进行补习辅导与答疑，还可以为学有余力的学生拓展学习空间，开展丰富多彩的科普、文体、艺术、劳动、阅读、兴趣小组及社团活动，丰富学生的学习生活。三是拓展课后服务资源。课后服务通过聘请退休教师、具备资质的社会专业人员或志愿者提供，组织区域内优秀教师到师资力量薄弱的学校提供服务，并充分发挥社会资源在课后服务中的作用，让学生享受到更多优质的课后服务资源。四是加大对课后服务教师和人员的激励。通过统筹核定编制，配足配齐教师，使学校师资得到充足保障。通过制定学校课后服务经费保障办法，将课后服务经费主要用于参与课后服务教师和相关人员的补助，推行教师"弹性上下班"制，加强对参与课后服务教师和人员的激励。

问：如何全面规范校外培训行为？

答：……《意见》针对校外培训机构的突出问题，主要提出了以下举措。一是坚持从严审批机构……二是严禁资本化运作……三是建立培训内容备案与监督制度……四是严控学科类培训机构开班时间……五是学科类收费纳入政府指导价……针对校外培训机构管理方面出现的新情况、新问题，国家将进一步完善相关法律法规和制度。

（略）

问：家长和社会如何配合做好"双减"工作？

答：学校要建立家庭教育领导和协调机制，规范设立家长学校，健全日常运行机制，配备家庭教育指导专（兼）职队伍，加强专业知识培训。要通过家长课程、父母大讲堂等方式，以线上线下等形式，对家长进行家庭教育指导、咨询和辅导，引导家长掌握科学的教育理念和方法。

家长与学生朝夕相处，是孩子言传身教的老师，履行好法定监护职责至关重要。一是密切家校联系……构建和谐家校关系。二是更新育儿观念……理性规划孩子未来发展方向，不盲目送孩子参加校外培训。三是融洽家庭氛围……形成良好沟通互动模式，帮助孩子排忧解难。四是要指导学生合理用好在家时间，督促孩子按时就寝，确保充足睡眠，适度安排家务劳动，加强体育锻炼，开展亲子阅读等。加强孩子网络行为监管，及时发现、制止和矫正孩子网络沉迷行为。

社会是教育的大环境，要发挥各方资源力量，为学生开阔视野、全面发展、实践锻炼提供重要平台。一是提供校外活动场所和资源……二是探索社区教育服务……三是宣传科学教育理念……营造良好的社会育人氛围。

（略）

问：如何确保"双减"工作取得实效？

答："双减"工作是一项系统工程，涉及众多利益群体，涉及众多部门职责，必须由党委和政府高位统筹、各部门通力合作，才能确保各项举措切实落地。一是加强党对"双减"工作的领导，各省（自治区、直辖市）党委和政府要把"双减"工作作为重大民生工程，列入重要议事日程，纳入省（自治区、直辖市）党委教育工作领导小组重点任务。二是明确部门工作责任，对涉及"双减"工作的各部门提出了明确工作要求，健全相关部门责任落实机制，做到分工明确、各尽其责、协调配合。三是强化督促检查和宣传引导，将落实"双减"工作情况及实际成效，作为督查督办、漠视群众利益专项整治和政府履行教育职责督导评价的重要内容。建立责任追究机制，对责任不落实、措施不到位的地方、部门、学校及相关责任人要依法依规严肃追究问责。

此篇政策解读是在《关于进一步减轻义务教育阶段学生作业负担和校外培训负担的意见》出台后，采用答记者问的形式对其进行了解读，文章有几个值得我们学习与借鉴的地方。一是内容全面、深入。文章回复了"双减"工作的总体目标等大家关心的问题，既专业又有深度，使政策内涵得到充分的反映。二是回应关切。文章站在读者的角度，具有鲜明的读者意识，同时从实用、方便、易读的角度出发，对今后学校该怎么做，课外培训机构该怎么规范，家长和社会该怎么配合等都进行了详细的解读，把"干巴巴"的政策条文变成吸引读者的报道，让人一看就懂。

范例 2

聚焦养老金"十二连涨"：哪些群体会明显受益?

新华社北京 4 月 15 日电（"新华视点"记者） 经国务院批准，人力资源和社会保障部、财政部印发《关于 2016 年调整退休人员基本养老金的通知》，为企业和机关事业单位退休人员提高基本养老金水平，总体调整水平为 6.5% 左右。

此次养老金调整，意味着自 2005 年以来，我国已经连续 12 年调整提高养老金待遇水平。"新华视点"记者采访社保业内专家、各地社保部门，解读社会关注的养老金调整三大焦点问题。

【焦点一】涨幅为何是 6.5%？

记者梳理发现，自 2005 年到 2015 年，除 2006 年增幅为 23.7% 外，企业退休人员养老金每年以 10% 左右的幅度递增。此次调整幅度为何是 6.5% 左右？

人社部相关负责人介绍，养老金调整幅度的确定，需要考虑保障基本生活、分享发展成果、基金可负担三项原则。一些专家表示，通常而言养老金上调幅度不低于物价上涨、不高于在岗职工工资增长幅度，都属于合理区间。

（略）

记者采访了解到，此次养老金上调 6.5% 左右，主要基于统筹考虑养老金现有水平和物价指数（CPI）变动。过去三年，我国 CPI 一直保持在 3% 以内，6.5% 左右的调整幅度可以确保养老金购买力不降低。

"调整养老金待遇分享发展成果，也需要参考经济增速、在岗职工平均工资增长率等指标。"中央财经大学教授、中国社会保障研究中心主任褚福灵说，当前我国经济增速明显放缓，2015 年 GDP 增幅为 6.9%，在岗职工平均工资增长率在 2014 年下降到 10% 以下，由于增长总有极限，导致养老金提高比例相应下调。

此外，养老金调整也要考虑养老保险基金的承受能力。随着人口老龄化快速发展，不少地区养老保险基金收支压力不断增大，有的省份如果没有财政补贴当期甚至入不敷出。由于基本养老保险基金尚未实现全国统筹，继续保持大幅度增长，或将导致部分地区养老保险制度难以持续。

"经过连年调整后，当前基本养老金基数已经明显提高。因此提高比例尽管有所下调，但具体增长的数额相较于往年而言，并不一定减少。"褚福灵说。

【焦点二】哪些群体将明显受益？

与往年养老金调整相比，今年最大变化在于机关事业单位退休人员按照基本养老金调整办法调整待遇，这也是 20 世纪 90 年代企业养老保险制度改革以来，企业和机关事业单位退休人员首次同步调整养老待遇。

（略）

记者了解到，在实际调整中，将实行定额调整、挂钩调整与适当倾斜"三结合"的办法。从多省往年调整实施方案来看，定额调整是每人每月统一标准增加同等金额；挂钩调整主要根据缴费年限相应增加养老金；适当倾斜则主要是对高龄退休人员和艰苦边远地区企业退休人员等群体倾斜。因此，至少三类退休职工群体将在此次调整中明显受益：

——缴费年限长的退休职工。多省 2015 出台的调整方案均明确，对缴费年限超过 15 年的退休人员，缴费年限每增加 1 年即增加相应额度养老金。比如广西等省区市对缴费年限满 15 年的，在 15 年的基础上每增加 1 年，每月分别增加养老金 5 元，湖北省相应增加 3 元。

——艰苦边远地区退休职工。湖南省在去年养老金调整政策中，对桑植、新晃等 14 个艰苦边远地区县市退休并领取养老金的人员，每月增加 10 元；广西对在 58 个艰苦边远地区县市退休职工每月增加 4 元。

业内人士介绍，长期以来艰苦边远地区经济欠发达，工资水平相对较低，因此养老保险整体缴费水平不高，养老金待遇水平相对偏低，同样的增幅金额相对较少。对这些退休职工在调整中予以倾斜，有助于养老保险发挥二次分配的调节作用，更公平合理。

——高龄退休职工。各地对高龄退休职工增加发放额度。如广东省 2015 年对年满 75 周岁的企业退休人员，每人每月加发 100 元；湖北省对年满 70 岁不到 80 岁的退休人员，每人每月增加 50 元，年满 80 岁的每人每月增加 70 元。

【焦点三】如何保证及时足额发放到位？

养老金待遇调整何时能够落地？人社部门负责人介绍，各省人社、财政部门将根据要求出台实施细则草案，经省级人民政府批准后上报人社部、财政部审批后才能公布执行，"虽然各地公布时间难以统一，但调整后的养老金待遇都会从今年1月1日起计发。"

此次养老金调整，预计将有8500多万名企业退休人员、1700多万名机关事业单位退休人员受益，共将惠及1亿多名退休人员。然而，随着养老保险基金收支平衡压力加大，此次养老金上调增加的支出如何保障？

按2015年月平均养老金2200元、今年提高6.5%的标准计算，仅8500多万名企业退休人员一年调整养老金部分，就要增加1450多亿元支出。

金维刚说，目前我国城镇职工基本养老基金总体还是收大于支，去年当期结余3500多亿元，基金累积结存达到3.52万亿元。部分统筹地区出现当期基金收支存在缺口的问题，可以通过动用历年累积结余和财政补助来确保养老金发放。

（略）

褚福灵等专家表示，保证养老金及时足额发放，一方面需要加快推进养老金全国统筹，实现基金在更大范围内调剂；另一方面要完善社保缴费"多缴多得、长缴多得"激励机制，增加基金收入，尽快实现养老金的投资运营，使其保值增值，保障养老基金长期充足。

此篇是对《关于2016年调整退休人员基本养老金的通知》进行的

解读，写法上有几个创新之处。一是文体上创新。采用新闻体裁中的消息形式来解读，时效性强、权威性强。二是标题上创新。"'十二连涨'：哪些群体会明显受益？"用设问的形式传达文章主题，更能吸引人关注。三是结构上创新。文章分为 3 个部分回答 3 个读者最关心的问题，这种醒目的排版也更加突出了文章的主题。

工作建议

工作建议是个人或集体向有关单位或领导，就某项工作提出合理的建议时使用的专用文体。

一、工作建议的特点

工作建议具有三个特点。

一是文本性较强。工作建议是书面提建议的材料，没有公开倡导具体实施的特点，只是表达一种想法，所以具有较强的文本性。

二是可塑性较强。工作建议必须被有关单位或领导批准认可后才能实施，在此之前，可能由于工作实际情况被修改或弃之不用，并不是最终的定文形式，所以具有较强的可塑性。

三是不具有号召性。所提出的工作建议并不是必须要实施的，是否被采纳要由有关单位或领导决定，所以不具有号召性。

二、工作建议的写作要领

工作建议一般由标题、称谓、正文、结尾、落款五个部分构成。

有的工作建议没有称谓，将署名放在标题下，呈报给相关单位或领导时再单独附函或请示。

一是标题。标题有两种：一种由文种名构成，即"工作建议"；另一种由建议的具体内容、文种名构成，如"关于×××的建议"。

二是称谓。称谓应注明受文单位的名称或个人的姓名、职务等，如"×××机关事务管理局""尊敬的校长""尊敬的×××主任"等。

三是正文。正文一般包括三部分内容。第一，说明提出建议的原因以及自己的目的、想法，使受文单位或个人从实际出发，考虑建议的合理性，为建议获采纳打下基础。第二，阐明建议的具体内容，如果内容较多，可以分条列出，还可以使用小标题提炼观点。小标题应尽量醒目具体、切实可行。第三，表明希望建议被采纳的想法，这部分内容要谦虚谨慎，不说不切实际的话，不用命令的口气。

四是结尾。结尾一般用于表示敬意或祝愿，也可以用于再次表达希望建议被采纳。

五是落款。按照书信格式标明提出建议的单位名称或个人的名字，并署上成文日期。有的工作建议会将署名放到标题下方。

工作建议写作的注意事项有四个。第一，实事求是，从工作实际出发提建议，充分考虑实施建议的主客观条件，以便于改进工作。第二，说话得体，所提的建议要具有准确性和合理性，表达要有分寸，做到动之以情、晓之以理。第三，内容具体，容易落到实处，让人一目了然，空话、套话要少。第四，语言精练，言简意赅地把建议的理由、具体的办法和措施表达出来，不拖泥带水，不过多地分析论证。

三、工作建议的范例

关于改进基层宣传思想文化工作的建议

李沧区李村街道办事处政工科

人民群众是宣传思想文化工作的主体。重视基层宣传思想文化工作，贴近实际、贴近生活、贴近群众，是推进改革与发展、维护社会和谐稳定的关键。面对国际国内形势的复杂多变，如何在新形势下开展好基层宣传思想文化工作，成为当前和今后一段时期摆在基层宣传工作者面前亟待解决的一道难题。

一、当前基层宣传思想文化工作中存在的问题

一是阵地建设比较薄弱。目前，基层单位受经济条件制约，宣传思想文化的基础设施较为欠缺、落后，群众文化需求难以得到有效满足。许多社区仅有宣传展板和宣传栏，缺乏专门的投影设备、录像设备、播放设备，在一定程度上制约了宣传思想文化工作的开展。由于宣传文化教育经费不够宽裕，基层单位每年将为数不多的资金基本用于订阅报刊，没有充足的经费添置必要的宣传文化设施和设备，给宣传思想文化工作的开展增加了很大的难度。

二是队伍建设有待加强。基层单位从事宣传思想文化工作的

人员大多是兼职，由于日常工作繁忙，常常无法全身心投入；各单位宣传思想文化工作者素质参差不齐，部分单位存在工作者学历层次低、年龄结构老化的现象；工作实绩突出的人员往往被上级部门选拔调走，人员变动频繁，导致宣传思想文化工作缺乏延续性。

三是方法手段缺乏创新性。传统的宣传思想文化工作往往采取简单的单向灌输方式，只一味"大水漫灌"，不注重群众是否理解和接受；对模范典型的宣传偏重"高大全"形象，缺乏生命力，与群众有距离感；宣传手段多局限在印发材料和开会宣传上，形式手段单一，影响了宣传的效果。

四是宣传内容缺乏针对性。对宣传对象不加以区分，不分年龄、背景地"一刀切"，宣传内容缺乏针对性。目前依托远程教育等平台宣传的内容大多是国家的大政方针，贴近群众生活的内容较少；随着新农村建设的稳步推进，越来越多的村民成为市民，享受现代化建设的成果，然而许多"村改居"的市民受传统思想和生活习惯的影响，仍未完全适应城市生活，如何提升这些人的素质，有针对性地开展宣传教育的问题也亟待解决。因此，宣传思想文化工作在及时跟踪社会热点、快速反应方面还有待加强。

二、加强基层宣传思想文化工作的对策建议

针对基层宣传思想文化工作存在的困难和问题，我们特此提出以下对策建议。

一是加强基层宣传思想文化阵地建设。上级部门根据基层工作实际情况，应适当加大宣传经费投入。基层单位在宣传经费方面要

"开源节流"，合理分配使用；要充分整合、合理利用社会资源，实现场所和设施共享；要善于运用先进的科技手段和设备，充实阵地建设。

二是加强宣传思想文化队伍建设。采取切实有效措施，培养一批政治立场坚定、能力素质过硬、勤勉敬业的基层宣传思想文化队伍。统一甄选标准，选拔优秀的人才以充实基层宣传思想文化队伍；采取定期与不定期培训相结合的方式，加强对宣传思想文化工作者的培养，并根据社会热点经常更新培训内容，积极开展专题研讨活动；确保宣传思想文化工作者"专人专岗"，保持宣传岗位的稳定性和延续性。

三是创新宣传思想文化工作的方法手段。深入基层开展宣传活动，变单向灌输为互动式交流；宣传材料要还原真实、贴近群众，可采用短片、问答、文艺表演等群众喜闻乐见的形式；把宣传思想文化工作渗透到基层日常工作的方方面面，把宣传思想文化工作与常规性工作有机结合起来，建立全方位、立体式的宣传网络；利用多媒体、网络、手机报、短信平台等现代工具创新宣传载体，开放式、多渠道、多角度地增加宣传强度。

四是有针对性地制定宣传内容。根据宣传对象，有针对性地制定宣传内容，不搞"上下一般粗"的粗放型宣传。比如，面向家长举办家长学校，宣传教育知识；向"村改居"市民介绍新兴科技、计算机常识，使其更好地融入城市生活；向城市居民提供健康养生、环保知识方面的讲座。另外，要增强基层宣传思想文化工作者对社会热点问题的把握和处置能力，使其在面对突发问题时能反应迅速、切合形势、有效应对，更好地维护社会和谐稳定大局。

　　此篇文章是关于基层宣传思想文化工作的建议，文字流畅，表述精准。文章先开门见山地提出四个存在的问题，然后一一对应地提出了四个方面的对策，既有宏观的建议，也有具体的措施，值得我们学习与借鉴。

第二章
礼仪类文书写作要领与范例

请柬

请柬是机关团体、企事业单位、个人为邀请宾客参加某种活动而使用的文体。

一、请柬的特点

请柬既是我国的传统礼仪文书，也是国际通用的社交联络方式，有四个特点。

一是郑重性。使用请柬邀请比口头邀请更为正式，既表示对被邀请者的尊重，又表示邀请者对此事的郑重态度，说明所举行活动的隆重。

二是告知性。发送请柬的目的是告知被邀请者活动的举行时间、地点、内容和要求等相关情况。

三是简约性。请柬在长期的使用过程中形成了固定的格式，语言简洁、内容精练，让人一目了然。

四是艺术性。请柬一般外观精美，装帧讲究，款式新颖，通常与所要举行的活动气氛相吻合，使被邀请者体会到邀请者的热忱和真诚。

二、请柬的种类

根据用途的不同，请柬可以分为结婚请柬、会议请柬、商务请柬等。

根据书写形式的不同，请柬可以分为竖式请柬和横式请柬两种。竖式请柬由右向左纵向书写，是传统的请柬形式，被称为中式请柬；横式请柬按照我们现在的书写习惯书写，是中西文化融合的结果，被称为西式请柬。

根据载体的不同，请柬可以分为传统的纸质请柬、现代的电子请柬。传统的纸质请柬一般分为单面和双面折叠式两种。现代的电子请柬多指结婚请柬，又分为二维码请柬、微信请柬、短信请柬等。这种形式被很多年轻人选择，既省事又时尚。二维码请柬是在传统请柬上印上二维码，既能使被邀请者通过扫码看到婚纱照、新婚致辞及婚宴地点等信息，还可以用于保存婚礼现场的美好瞬间，留下亲友祝福，更新婚后甜蜜生活等，使请柬不再是一次性用品，而变成新人空间的幸福入口。微信请柬的模板很多，一般是配有喜庆音乐的电子喜帖，播放的过程中会不停变换婚纱照，点击照片，页面就会弹出婚宴邀请的对话框。短信请柬更为简单，用手机编辑一条邀请短信，按下群发键就可以发送。

三、请柬的写作要领

请柬的篇幅有限，书写时应根据所要举办的具体活动场合、内容和邀请的对象认真措辞，做到行文准确、具有美感。在结构上，无论是哪种样式的请柬，一般都由标题、称谓、正文、结尾、落款五个部分构成。

一是标题。"请柬"二字就是标题，不管是单面请柬还是双面折叠式请柬，都会设计得很有艺术感。文字采用名家书法或艺术字体，字面烫金或加以图案装饰等。

二是称谓。请柬上应写清被邀请单位名称或个人姓名。个人姓名前后可加上适当的职衔或尊称，如"尊敬的××先生""尊敬的××女士""尊敬的××局长""尊敬的××老师"等。

三是正文。正文包含活动的事由、内容、时间、地点、方式及其他应知事项。举办的活动如果持续时间长，可在正文中附上议程安排，让被邀请者心中有数。对于举办时间，不仅要写清年月日，还要注明上午或下午，并精确到具体时间点，以避免被邀请者错过活动。如果活动地点较为偏僻，考虑到被邀者可能不熟悉，可注明路线、乘车班次等。如果活动有着装要求或者需要被邀请者表演等，一定要提醒，如"请穿晚礼服""请着正装""请着便装""请准备发言""请准备节目"等。如果要请人观看演出，还应附上入场券。正文的左下方可写各种附启语，如"每柬一人""凭柬入场"等。

四是结尾。结尾要写上礼节性的问候语或恭候语，可根据不同的情况采用"此致、敬礼""敬请出席""恭请光临""请届时参加""请光临指导"等结语。

五是落款。落款写明邀请人姓名和发柬日期。如果是单位发出的请柬，需要签署主要负责人的职务和姓名。为表示诚意和恭敬，落款处的个人姓名一般由本人书写。

请柬的递送方式很有讲究，礼节上是不能托人转递，要么当面递送，要么邮寄。如果是放入信封当面递送，需注意信封不能封口，否则会造成"又邀客又拒客"的误会。

　　请柬写作的注意事项有三个。第一，信息要准确。活动的内容、时间、地点，被邀请者的姓名、头衔等必须准确无误。第二，措辞要讲究。文字应言简意赅，能体现热情、诚恳、庄重、得体，突出"请"意，不能用"务必""必须"等带强制色彩的语言。第三，制作要精美。请柬在款式设计上应突出艺术性，风格与活动的格调保持一致，表达对被邀请者的尊重之心。书写要注意工整流畅，以使被邀请者感到心情愉快。

四、请柬的范例

范例 1

请柬

送呈×××女士／先生台启

　　谨定于公历××××年×月×日（农历××××年×月×日）星期×中午12:08为新郎×××和新娘×××举行结婚典礼，席设：××酒店×层××厅。诚挚邀请您及家人参加，恭候光临！

×××　×××敬邀

××××年×月×日

　　结婚请柬一般都是大红色的，显得格外喜庆，且都有适合的固定格式，按照格式正确填写内容即可。需要注意的是，写作时要遵循传统习俗，注明公历时间和农历时间；两个人名之间不用顿号或逗号，用"和"或者空格。

范例 2

请柬

××日报社：

兹定于 9 月 30 日晚 8 时整，在××大学大礼堂举行庆国庆迎中秋文艺晚会，届时恭请贵社派记者光临。

××大学党委办

××××年 9 月 22 日

请柬

××同志：

兹定于 11 月 6 日上午 9 时整，在本社召开"初心不忘　情怀始终——××出版集团建社 70 周年座谈会"，敬请光临指导。

此致

敬礼！

××出版集团

××××年 10 月 30 日

以上两则会议请柬都是以单位名义发出的，用语不多，将活动举办的时间、地点和具体内容用一句话全部表达出来，文风简洁明快。有所不同的是，第一则的邀请对象不是要作为客人参加晚会，而是要派员前往开展新闻采访，所以，此请柬实际上还起到了提供某种新闻信息的作用。

范例 3

请柬

尊敬的××公司××先生：

岁末甫至，福气东来，20××年在愉快的合作中即将结束，我们将迎来充满希望的20××年。久久联合，岁岁相长，衷心感谢您的合作和支持！在此诚挚邀请您出席我集团举办的年度答谢晚宴，届时制造行业的优秀企业家将与您一起共话友情，共谋发展。

我们期待您的到来！

时间：20××年1月8日

地点：××大酒店×楼××厅

××集团谨邀

20××年12月27日

此则商务请柬用词准确、精练、得体，既表达了对被邀请者在商务合作上给予大力支持的感谢之情，又充分体现了对被邀请者的尊重之心，展现了邀请者的郑重态度。

贺信、贺电

贺信、贺电是表示祝贺、赞颂的函电，一般用于领导机关、企事业单位或个人对取得巨大成绩、做出卓越贡献的有关单位或人员表示祝贺，或者对国际、国内发生的重大喜事，对一些重要会议、喜庆节日、婚礼、寿辰等表示祝贺或庆贺。

一、贺信、贺电的特点

贺信、贺电有三个特点。

一是祝贺性。贺信、贺电的使用目的单一，主要是恭贺对方，增加喜庆气氛，以增进了解、加深友谊、促进团结合作。

二是信电性。发贺信、贺电是由于不能当场向受贺者表示祝贺。贺信、贺电通过书信、电文或电子邮件的形式送抵对方手中。如距离较远，一般用贺信；如要表示态度慎重，并且要求快速送抵，则用贺电。

三是真挚性。贺信、贺电通常由受贺者在收到后阅读或者宣读，所以其既要求语言热烈真挚，充满感情，给人以鼓舞的力量，又要做到篇幅短小，内容实事求是，评价恰如其分。

二、贺信、贺电的分类

贺信、贺电主要分为五类。

第一类，上级给下级单位或所属职工、群众发出的贺信、贺电。其或对节日表示祝贺，或对工作成绩表示祝贺等，一般会在文中提出希望和要求。

第二类，同级单位之间的贺信、贺电。其就对方单位所取得的工作成就表示祝贺，一般会在文中表明向对方学习的谦虚态度，以及保持和发展双方关系的良好愿望。

第三类，下级给上级领导机关的贺信、贺电。其对全局性的工作所取得的成绩表示祝贺，一般会在文中表明下级对完成有关任务的信心和决心。

第四类，国家之间的贺信、贺电。在建立有外交关系的国家的新首脑就职或友好国家有重大喜事时，本国一般要致贺信、贺电。这既是国际礼仪，也是谋求两国共同发展、维护双方共同利益的方式。

第五类，个人之间的贺信、贺电。其用于在重要节日、发生重大喜事、取得重大成绩时表示祝贺。

三、贺信、贺电的写作要领

贺信、贺电一般由标题、称谓、正文、结尾和落款五个部分构成。

一是标题。标题通常直接写文种名"贺信""加电"，有的标题由事由、文种名构成，如"致××博览会的贺信"。

二是称谓。称谓应写明被祝贺单位的名称或个人姓名。写给个人的贺信、贺电，要在姓名后加上相应的礼仪尊称，如"同志""先生""女士"等。

三是正文。正文主要交代三个方面的内容。首先，交代清楚背景。结合当前的形势状况，说明对方取得重要成绩的背景或重要会议召开的历史条件等。其次，写明祝贺原因。概括说明对方取得了哪些成绩，分析其成功原因或会议召开的重要意义和深远影响。如是贺寿，则要概括说明对方的重要贡献及宝贵品质。最后，明确表达由衷祝贺的心情。根据祝贺对象的不同、场合的不同，贺信、贺电的内容和用词也应各不相同。

四是结尾。结尾要送上真诚的慰问和祝福，如"此致，敬礼""祝争取获得更大的胜利""祝您健康长寿"等。

五是落款。落款应写明发文单位的名称或个人姓名，并署上成文时间。

贺信、贺电写作的注意事项有三个。第一，要根据祝贺者和受贺者的关系来写作。双方关系是上级对下级、下级对上级，还是同级对同级？是个人对集体、集体对个人，还是个人对个人？根据不同的关系，写作内容、语气也不同。第二，要突出真情实感，切忌冷冰冰地陈述和评价。贺信、贺电要体现真诚的祝福，是加强彼此联系、增进双方交流的重要手段，必须写得感情饱满、充沛。评价成绩要实事求是、恰如其分，表明态度也要实事求是，不空喊口号。第三，篇幅一般比较简短，语言要简洁明快、通俗流畅，不堆砌华丽辞藻。

四、贺信、贺电的范例

范例 1

中共中央 国务院致第 32 届奥运会中国体育代表团的贺电

中国体育代表团：

在第 32 届奥林匹克运动会上，全团同志表现出色，取得 38 枚金牌、32 枚银牌、18 枚铜牌的优异成绩，实现了运动成绩和精神文明双丰收，为祖国和人民赢得了荣誉。党中央、国务院向你们表示热烈的祝贺和亲切的慰问！

你们克服新冠肺炎疫情对备战参赛带来的严峻挑战，不畏艰难，科学训练，敢于争先，敢于争第一，圆满完成参赛任务。在过去的16天里，祖国和人民热切关注着你们在赛场上的良好表现，为我国体育健儿取得的每一个成绩感到高兴和自豪。你们牢记党和人民嘱托，勇于挑战，超越自我，迸发出中国力量，表现出高昂斗志、顽强作风、精湛技能，生动诠释了奥林匹克精神和中华体育精神，实现了"使命在肩、奋斗有我"的人生誓言。你们与世界各国各地区运动员同台竞技、相互切磋，促进了交流，增进了友谊。你们的出色表现进一步激发了海内外中华儿女的爱国热情，为全党全国各族人民在全面建设社会主义现代化国家新征程上团结奋斗、凝心聚力注入了精神力量。

当前，全党全国各族人民正在意气风发向着第二个百年奋斗目标迈进。希望你们以习近平新时代中国特色社会主义思想为指引，牢记初心使命，继续发扬中国体育的光荣传统，戒骄戒躁，再接再厉，进一步提升我国竞技体育综合实力，提高为国争光能力，激发广大人民群众特别是青少年参与体育运动的热情，带动群众体育发展，为推动增强人民体质、推进体育强国建设，为实现中华民族伟大复兴的中国梦贡献更大力量。

祖国和人民期待着你们平安顺利归来！

中共中央

国务院

2021 年 8 月 8 日

此封贺电是中共中央、国务院发给参加第 32 届奥运会的中国体育代表团的贺电，开头对代表团取得的成绩表示祝贺，随后充分肯定和赞扬运动健儿们克服严峻挑战，生动诠释奥林匹克精神和中华体育精神的重大意义，最后表示了殷切希望和关怀，文字明快，振奋人心。

范例 2

贺　信

欣闻第九届中国民间艺术节在甘肃平凉隆重开幕，我谨代表中国文联，特致信表示热烈祝贺！

本届中国民间艺术节，旨在弘扬中华民族优秀传统文化，加强民间文化艺术交流合作，促进甘肃经济社会跨越发展，共同推动社会主义文化大发展大繁荣。近年来，甘肃省委、省政府充分发挥特色文化优势，积极发展民间文化艺术事业，大力实施文化提升行动，文化大省建设成绩显著。希望通过本届民间艺术节的举办，全面展示甘肃丰厚的文化底蕴，发挥独特的资源优势，彰显广阔的发展前景，打造更多更好的文化品牌，扩大甘肃文化的知名度和影响力，早日实现与全国同步进入小康社会的奋斗目标！

祝第九届中国民间艺术节圆满成功！

中国文联党组书记、副主席　赵实

2012 年 9 月 12 日

此封贺信文字流畅，篇幅短小但内容丰富，感情充沛。开头一句话交代了祝贺缘由，特别是"欣闻"二字，于简洁中洋溢着热情和诚意。主体部分语言凝练，紧紧围绕第九届中国民间艺术节开幕的重要意义行文，肯定了当地的文化建设成果并提出了希望。

唁电

唁电是因故不能亲临吊唁，而发出的对逝者表示哀悼、对其亲属表示慰问的一种文体。

一、唁电的特点

唁电是一种对逝者迅速、庄重的悼念致哀形式，多用于官方等正式场合，具有三个特点。

一是具有慰问性。唁电既可颂扬逝者生平，表达哀悼之意，又能给予其家属最诚挚的安慰。

二是体现庄重性。唁电文字凝练、篇幅较短、感情深沉、文风严肃，对逝者的功绩、情操给予恰当的评价，劝慰其家属要节哀。

三是发布形式多样。重要人物或有较大影响的人物唁电，除直接发给逝者的组织和家属外，还要进行广播和登报。

二、唁电的分类

唁电大致分为三种。第一种是个人唁电。发电人与逝者往往关系密切或志同道合，或身受其关怀、教诲与帮助，在惊闻噩耗后，发电人以此表示悼念之情。第二种是单位唁电。领导机关、单位团体所发的唁电，逝者多是原机关或单位团体的重要领导人，或是在革命和建设中曾做出较大贡献的人物，如科学家、艺术家、英雄、模范、先进工作者等。第三种是国与国之间拍发的唁电。逝者一般为重要的国家领导人，或为两国的和睦关系、经济发展做出过巨大贡献的重要人物。

三、唁电的写作要领

唁电一般由标题、称谓、正文、结尾、落款五个部分构成。

一是标题。直接居中写文种名"唁电"。

二是称谓。写明收电人或收电单位，唁电一般是发给逝者治丧委员会。收电人如系逝者家属，应写其姓名，并加"同志""先生""夫人"等称呼。

三是正文。唁电内容是直抒惊闻噩耗的悲痛心情，以沉痛的心情简述逝者生前的美德、情操和功绩等，激起人们的缅怀之情，并表达化悲痛为力量的决心，向逝者家属表示亲切的问候、安慰。其也可写上是否前往参加遗体告别仪式或代送花圈等事宜。

四是结尾。结尾一般写"×××同志千古"或"×××同志永垂不朽"等。

五是落款。落款应注明发电人姓名或单位，以及日期、地址、电话等，以便联系。

唁电写作的注意事项有三个。第一，感情自然淳朴。用词要深沉、自然，做到催人泪下，充分体现悲痛悼念之情，忌油腔滑调，滥用修饰词语。第二，叙述突出重点。对逝者生前的品德、情操和功绩的叙述，要实事求是、恰如其分、突出本质，忌一一赘述或本末倒置。第三，语言简短精练。文字要高度凝练，不宜拖沓，忌篇幅过长。

四、唁电的范例

唁 电

×××同志治丧委员会：

惊悉原××市体委副主任、原国家男排主教练×××同志不幸逝世，我们为失去这样一位优秀的排球前辈、排球工作者深感悲痛。专此致函，中国排球协会对×××同志的逝世表达沉痛悼念之情，并对×××同志的家属致以最诚挚的慰问。

×××同志的一生是为中国体育和排球事业努力奋斗的一生。他曾任××××××、××××××、××××××以及中国男排主教练等。

×××同志热爱祖国、热爱人民、热爱排球事业；他团结同志，识大体、顾大局，关心他人，严于律己，不计较个人得失，服从组织安排；他热爱学习，刻苦钻研，长期从事排球专业训练和教学工作，毕生致力于中国排球事业，对推动排球运动的发展和普及做出了积极贡献。

×××同志的逝世是中国排球界的损失，排球人不会忘记他，中国排球的历史不会忘记他，他的朋友、战友、学生将永远怀念他。

×××同志千古！

中国排球协会

××××年××月××日

此则唁电先抒写听闻噩耗后的悲痛心情，再叙写逝者生前的优秀品质和所做的贡献，最后表达怀念之情。全文饱含深情，用词高度精练，寄托哀思，催人泪下。

讣告

讣告是告知某人去世消息的一种丧葬应用文体，一般由逝者家属或逝者所在单位组织的治丧委员会向其亲友、同事、社会公众进行公布。

一、讣告的特点

讣告主要用于报丧，具有三个特点。

一是具有时效性。讣告要在遗体告别仪式举行之前发出，以便让逝者的亲友及时做好必要的安排，如准备花圈、挽联等。

二是讲究仪式。讣告内容必须使用黑色，四周加黑框，以示肃穆、哀悼。讣告只能使用黄、白两色纸，长辈之丧用白色纸，幼辈之丧用黄色纸。如将讣告内容通过广播、电视播放，应配哀乐，以营造悲痛、哀婉的气氛。

三是发布形式多样。讣告可以张贴在一定范围内，也可以通过专业的网络媒体发布，还可以通过报纸、广播、电视等方式发出，以便迅速而广泛地告知。

二、讣告的写作要领

讣告有三种形式。第一种是通告式讣告，它是讣告中最常见的一种形式，也是人们使用最多的一种。第二种是公告式讣告，用于向国内外公开发布中央和国家级领导人逝世的信息，一般由中央和国家机关、团体或单独发布或联合发布，或由根据授权可发公告的新华社发布，使用级别较高。第三种是报道式讣告，用于发布有一定级别的重要人物逝世的信息，一般以新闻媒体中"消息"的形式发布，旨在较大范围内告知社会公众。

讣告一般由标题、正文和落款三个部分构成。通告式讣告、公告式讣告、报道式讣告的具体写作内容各有不同。

（一）通告式讣告

通告式讣告的写作内容主要包括以下几方面。

一是标题。一般以文种名为标题，直接写"讣告"，或冠以逝者的姓名，如"×××讣告"。

二是正文。先写明逝者的姓名、身份、逝世的原因、时间、地点以及终年；接着简要介绍逝者生平，写明其生前的重要事迹；最后明确吊唁和开追悼会的时间、地点。

三是落款。署明发讣告的个人姓名或团体名称，标注发讣告的时间。

（二）公告式讣告

公告式讣告的写作内容主要包括以下几方面。

一是标题。一般采用公文式标题，由单位名称、文种名、事由组成，如"中共中央、全国人大常委会、国务院讣告×××同志逝世"。

二是正文。先写逝者的职务、姓名、逝世的原因、时间、地点以及终年；然后简要介绍逝者生平，再对逝者进行评价；最后表达沉痛哀悼之情。

三是落款。落款应标注发讣告的时间。

（三）报道式讣告

报道式讣告的写法有两种。第一种写得比较简略，类似于一句话新闻或消息导语，写明逝者的单位、职务、姓名、逝世的原因、时间、地点以及终年即可。第二种写得比较详细，写作内容主要包括以下几方面。

一是标题。标题一般为"×××同志逝世"。

二是正文。先写逝者的职务、姓名、逝世的原因、时间、地点以及终年，然后介绍逝者生平、所获得的荣誉，并对逝者进行评价。有的报道式讣告配有逝者遗像，还会根据实际情况说明举行追悼会或遗体告别仪式的时间和地点、逝者关于丧事的遗嘱等，并附上治丧委员会名单。

讣告写作的注意事项有两个。第一，精准用词。随着时代的变化，以前带有浓郁书面语味道的传统词语，在行文时要及时淘汰，如用"先父""先母"代替过去的"先考""先妣"。逝者的终年，有时候也可写为享年，意为享受过的有生之年，一般适用于自己的长辈或人们所敬重的老者；而"终年"意为逝世时活到多少岁，用法较为广泛，不带有感情色彩。第二，突出重点。简介逝者生平时，选择其主要经历及在政治、学术、艺术、技术方面的主要成就，要具有代表性。

三、讣告的范例

范例 1

讣　告

　　中共党员、××大学××处退休干部×××同志，因病医治无效，2021 年 8 月 7 日不幸去世，享年 81 岁。

　　遵其遗愿，丧事从简，并感谢生前好友关心！

×××同志治丧小组

2021 年 8 月 7 日

此则讣告以极其凝练的语言写明逝者身份、逝世原因、逝世时间及终年，因为逝者有关于丧事从简的遗嘱，就没有明确吊唁和开追悼会的时间、地点。

范例 2

讣　告

　　×××集团原总导演、国家一级导演××同志，因病医治无效，于 2021 年×月×日×时×分在××省××市逝世，享年 83 岁。

　　××同志原籍××××，1938 年 3 月出生于××××，中共党员，××××年毕业于××××。历任×××××××，××××××××××，×××××××××。电影代表作品《××××》《××××》《××××》等，多次荣获国家级重要奖项。

　　×××集团成立治丧委员会办理治丧有关事宜。定于×月×日在×市殡仪馆举行遗体送别仪式。

　　特此讣告。

　　联系人：×××

　　联系电话：139×××××××××

　　传　真：010-×××××××

×××集团有限责任公司

2021 年×月×日

　　此则讣告属于人们常用的模板，篇幅相对较长，对逝者的生平、事迹、贡献进行叙述和评价，公布了治丧相关事宜，以便亲友前往吊唁。

范例 3

××同志逝世

新华社×月×日电 享誉海内外的著名××科学家，我国××事业的开创者和领导者，××××××××，××同志，因病于20××年×月×日在北京逝世，享年××岁。

××同志病重期间和逝世后，中央有关领导同志以不同方式表示慰问和哀悼。

××，山东临沂人，19××年×月出生于北京。×××××××××××××××××。

××同志是第××届全国人大代表，××××××。他一生致力于××××研究、应用与推广，为我国××××做出杰出贡献，被誉为××××××。曾荣获国家最高科学技术奖、国家科学技术进步奖特等奖、国家发明奖特等奖×××××××××××。

此则讣告以新华社消息的形式公布了××同志逝世的信息，文字凝练，语言简洁，用词精准，介绍了其生平和所做贡献，表达了悼念之情。

悼词

现代悼词有广义和狭义之分。广义的悼词是指向逝者表示哀悼、缅怀与敬意的悼念性文章。狭义的悼词是指在追悼会上对逝者表示敬意、寄托哀思的专用哀悼文体。

一、悼词的特点

悼词具有三个特点。

一是具有极强的思想性和现实性。悼词总结逝者生平，肯定其一生的贡献，以此寄托哀思，激励后人。如毛泽东同志在张思德同志的追悼会上致悼词，留下了《为人民服务》这一不朽篇章，激励了无数革命志士，直至今天仍然具有很强的现实意义。

二是内容积极向上，具有正能量。悼词不是面向过去，一味地宣泄情绪，充满悲伤的情调，让人感到愁闷、压抑，而是面向当前和将来，化悲痛为力量，情感基调是昂扬的。

三是表现形式和手法具有多样性。悼词通过多种多样的形式表达对逝者的悼念和敬意，既可以写成记叙文或议论文，又可以写成散文，既有供宣读的形式，又有书面形式。

二、悼词的分类

根据用途的不同，我们可以把悼词分为宣读体悼词和艺术散文类悼词。宣读体悼词专用于追悼会，由有一定身份的人宣读，面对在场参加追悼的同志讲话，表达对逝者的哀思与敬意，同时勉励大家化悲痛为力量。宣读体悼词以记叙或议论逝者的生平功绩为主，受追悼会的时间、地点和条件的限制，在形式上相对较为稳定。艺术散文类悼词大多发表在报纸杂志上，包括所有向逝者表达哀悼、缅怀与敬意的"情文并茂"的文章。此类悼词通过回忆逝者生前的事情，展现其优秀品质和精神，虽志在怀念，但主要是利用逝者的精神激励和鼓舞活着的人。

　　根据表现手法的不同，我们可以把悼词分为记叙类悼词、议论类悼词和抒情类悼词。记叙类悼词是最常见的类型，以记叙逝者的生平功绩为主，适当地结合抒情或议论，文风朴实，字里行间充满哀思和怀念之情。议论类悼词是以议论为主，抒情、叙事为辅的悼词，侧重评价逝者对社会的贡献，与生活紧密结合，具有很强的现实意义。抒情类悼词主要抒发对逝者的悼念之情，适当结合叙事或议论，特点在于以抒情散文的形式出现，文学色彩浓厚，以情动人。

三、悼词的写作要领

　　因为表现形式和手法的多样化，悼词大多没有固定的格式和写法，但是宣读体悼词除外。宣读体悼词一般由标题、正文和落款三个部分组成。

　　一是标题。标题主要有两种形式：一种由逝者姓名和文种名组成，如"在×××同志追悼会上的悼词"；另一种直接写文种名"悼词"。

　　二是正文。正文一般由开头、主体、结尾组成。正文的开头以沉痛的心情说明召开或参加此次追悼会的目的、参加追悼会的人员情况，简明扼要地概述逝者的身份、职务、逝世原因、逝世时间及终年等。主体承接开头，缅怀逝者，是悼词的核心部分，先介绍逝者事迹，包括籍贯、学历、工作经历等，突出其对人民、对社会的贡献；再对逝者的思想、精神、作风、品质和修养等进行综合评价，突出其对他人和社会产生的积极影响。结尾要积极向上，体现对逝者的悼念之情，勉励生者化悲痛为力量，继承逝者未竟的事业，为国家、为社会做出更大的贡献等。

三是落款。由于悼词一般在开头就已介绍了参加追悼会的人员情况，最后落款可只署上成文日期。悼词也有将成文日期标署在标题之下的。现场改悼词时，一般不应读落款。

最后，根据逝者身份可以写上"××同志永垂不朽""××同志精神长存"之类的话。

四、悼词的范例

1976年在纽约华埠周恩来总理追悼会上的悼词

杨振宁

周恩来总理和我们永别了。

周总理的逝世是中国人民的巨大损失，也是世界所有维护正义的人的巨大损失。在悲痛之中，让我们来重读《毛泽东选集》中一篇文章里的几句意义深长的话：人总是要死的，但死的意义有不同。中国古时候有个文学家叫作司马迁的说过："人固有一死，或重于泰山，或轻于鸿毛。"为人民利益而死，就比泰山还重；替法西斯卖力，替剥削人民和压迫人民的人去死，就比鸿毛还轻。

这几句话是 1944 年 9 月 8 日写的，在一篇叫作《为人民服务》的文章里面。

我们相信周总理的伟大就在他的无私的、坚强的、始终不渝的为人民服务的精神。

周总理出生在 1898 年的旧中国，那是一个半封建、半殖民地的社会，用鲁迅的话，那是一个吃人的社会。中国人民被封建主义压迫得透不过气来。中国人民在帝国主义侵略之下，在中国自己的土地上不能有自己作主的机会。

周总理从青年时代就献身于反对封建主义、反对帝国主义的革命活动。他积极参加了 1919 年的五四运动。在法国和德国勤工俭学的时期，他于 1922 年加入了新成立的中国共产党。回国以后参加了北伐战争。1927 年，他是上海工人武装起义的主要指导人。他领导了南昌起义。他是江西红军根据地的主要领导人之一。他参加了历史性的二万五千里长征。他参加了抗日战争和战后全国解放战争的工作。

1949 年毛泽东主席宣布中华人民共和国成立。毛主席说："中国人民站起来了！"任何有血有肉的中国人都会了解这句话的历史性的意义。

周总理从中华人民共和国成立以来，一直担任总理的职位，到今天计 26 年。在这 26 年之间，他不但领导了中国政府的行政，而且在国际外交上做了许多意义重大、影响深远的工作。

我们在这里只简要地提到两点：第一是 1955 年在万隆会议上他所提出的国际外交五原则的基本观念；第二是近年来周总理在毛主席指导下所坚持的反对国际霸权的观念。我们毫无疑问地相信这两项基本观念在未来的四分之一世纪中会被更多的国家所采用，因为它们是符合正义的，因为它们是符合世界绝大多数人民的利益的。1972年的《中美联合公报》采用了这两个观念就因为它们符合中美两国人民的利益，符合亚洲人民的利益，符合世界人民的利益。

周总理逝世于1976年1月8日，在新中国的首都。他贡献了他的一生，无私地为人民服务。我们可以说：这一个伟人的一生的历史，就是新中国的孕育的历史，就是新中国的诞生的历史，就是新中国的成长的历史。他是中国人民的英雄。

遵照周总理的遗嘱，他的骨灰将被撒在中国的山川土地上，他的身体将永远散布在一个伟大的国家的每一个角落，他的精神将滋长在一个伟大的民族的精神里面，是这个民族的永恒的榜样！

1976年1月8日，周恩来总理逝世。1976年1月18日，美国东岸各界举行追悼周恩来总理大会，华侨、留学生、中国血统的美籍人士和美国人士等1700多人参加追悼会。大会由缪云台先生主持，杨振宁教授致悼词。

这篇悼词如今看来，仍然让人十分感动。第一，它结构完整，层次分明。开篇点明"周总理的逝世是中国人民的巨大损失，也是世界所有维护正义的人的巨大损失"；随后重读《毛泽东选集》中几句意义深长的话，简述并高度评价周总理光辉伟大的一生和建立的丰功伟绩。第二，叙述饱含深情，内容十分充实，重点描述周总理在国际外交上的两个重要贡献，以具体的事例突出人物品质，充分表达缅怀和哀悼之情。

祝酒词

祝酒词是在酒席宴会上，主人表示热烈欢迎、亲切问候、诚挚感谢，客人进行答谢并表示衷心祝愿的演讲文体。

一、祝酒词的特点

祝酒词具有三个特点。

一是礼仪性。祝酒词是各种大型宴请中最重要的礼仪形式，是必不可少的程序，也是重要的社交工具，更是中华民族传统礼节的体现。

二是互动性。主人在酒席宴会上通过祝酒词对客人表示热烈欢迎，客人再通过祝酒词向主人表示答谢。宾主之间为了友谊举杯尽欢，通过祝酒词互相祝愿、活跃气氛，因此祝酒词具有互动性的特点。

三是口语化。祝酒词的内容以叙述友谊为主，祝愿事情成功或祝福美好幸福，一般篇幅短小，十分口语化。

二、祝酒词的分类

根据主题的不同，祝酒词可以分为婚宴祝词、寿宴祝词、升学宴祝词、庆典祝词、开业祝词等。

根据先后顺序的不同，祝酒词可以分为开场祝词、中场祝词、结尾祝词。

根据祝词人身份的不同，祝酒词可以分为主人祝词、来宾祝词、主持人祝词等。

根据祝酒词语言风格的不同，有用于迎送外宾外商、重大庆典、商务交往等正式庄严场合的庄重式祝酒词，有用于迎送、亲友相聚等多种场合以调侃、表现幽默为主的诙谐式祝酒词，有恰当引用名言、名句、名诗词以表达情感的名诗名句式祝酒词，有通过讲故事引申祝酒主题的故事引申式祝酒词，还有以变制变、巧妙应答的随机应变式祝酒词等。

三、祝酒词的写作要领

祝酒词一般由标题、称谓、正文三个部分组成。

一是标题。标题大致有三种形式：一种直接以文种名"祝酒词"作为标题；一种由会议活动名称、文种名组成，如"在××市和××企业合作签约仪式上的祝酒词"；还有一种由致辞人、会议活动名称、文种名组成，如"×××在××投资考察欢迎宴会上的祝酒词"。

二是称谓。称谓多用礼貌性泛称，可以根据与会者的身份来定，要注意称谓的准确性和包容性，如可用"各位女士、先生""朋友们，同志们"。为表示热情和亲切、友好之意，称谓前面可以加修饰语，如"尊敬的""尊贵的""亲爱的"等。

三是正文。正文分为前言、主体和结尾三个部分。前言就是正文的开头，简明扼要地概述基本情况，说明祝酒的原因，向出席者表示欢迎、感谢和问候。主体是正文的核心部分，内容主要包括回顾双方的交往与友谊；阐述此次活动的目的、作用、意义；展望未来，表达美好祝愿等。祝酒词的结尾比较特殊，一般有特殊形式，如"最后我提议……""现在我提议……""请允许我举杯……"，并说明为谁、为什么而举杯，交代举杯祝愿的内容。

祝酒词是中国传统文化的体现，写作时要注意语言的艺术性和美感。首先，要明确所祝对象是谁，分析其关心关注什么。只有根据所祝对象确定祝酒词的内容，才能有的放矢，写出有针对性的内容，具有吸引力。其次，要充分展现自己诚恳热情的态度、充沛真挚的感情，体现与对方的深厚友谊，增进与对方的感情。最后，必须以简短的篇幅表达出深情厚谊，并用偏口语化的讲述和恰到好处的调侃、诙谐、幽默元素给现场带来欢快的气氛，以取得活跃会场气氛的效果。

四、祝酒词的范例

在中国民营企业商务发展高级研讨会
招待晚宴上的祝酒词

尊敬的各位领导、各位来宾，女士们、先生们：

大家好！

今晚，我们欢聚一堂，共同祝贺中国民营企业商务发展高级研讨会胜利召开。值此良辰美景，请允许我代表××市委、市政府，对研讨会的成功举办表示热烈的祝贺！对出席宴会的各位领导、各位来宾表示热烈的欢迎！

我市近年来经济发展势头良好，综合实力稳步攀升，社会影响力进一步扩大，呈现出社会民主富强、市场繁荣昌盛的良好局面，全市经济社会发展综合水平位居全国第×位，综合竞争力列全省县级市第一名。这些成就的取得，与在座诸位长期以来的关心、支持和参与是密不可分的。借此机会，我谨代表全市人民向大家表示衷心的感谢！

中国民营企业商务发展高级研讨会是一场有利于加强各民营企业交流、合作的盛会。今年，研讨会在××市召开，将对我市的经济发展起到极大的推动和促进作用。衷心希望各位领导、各位来宾多来××市走一走、看一看，为我们的发展献计献策。有了您的关心和支持，××市一定能实现经济社会的大发展、大跨越！

今晚，千里逢迎，高朋满座。现在，请允许我提议：请大家共同举杯，为中国民营企业商务发展高级研讨会的圆满举办，为××市的和谐、持续、稳定发展，为各位领导、各位来宾的身体健康、事业顺利，干杯！

此篇祝酒词在整体风格上主要体现了3个字：短、真、畅。一是短，内容简短精练，全文500余字，讲完约2分钟，节奏明快。二是真，真诚溢于言表，一而再、再而三地表达了对来宾的欢迎、感谢之情。三是畅，语言流畅，主题明确，最后的提议显得激情四溢，恰到好处，既充分展现了致辞人的风采，又给人非常愉悦的感觉。

证婚主婚词

证婚主婚词是举行结婚仪式时为男女双方做结婚证明或主持婚礼并表示衷心祝愿的演讲文体。

一、证婚主婚词的特点

证婚主婚词具有三个特点。

一是具有仪式感。在现代婚礼仪式上，一般由新人双方信赖、尊敬或德高望重的人担任证婚人或主婚人，为新人送上美好祝愿，这是必不可少的婚礼程序，也是中华民族传统礼节的体现。

二是充满互动性。证婚人或主婚人经常对新人或来宾发出指令，通过交流互动营造喜庆气氛，在大家的参与中共同完成婚典。

三是注重语言美。证婚主婚词通常大量引用描写爱情和婚姻的诗文，传递出对新人尤其是对新娘的赞美和对婚礼的祝福，说的人感到朗朗上口，听的人觉得流畅动听。

二、证婚主婚词的写作要领

写作证婚主婚词前，首先要先弄清证婚人、主婚人有所区别。一是职责不同。证婚人主要证明婚姻的合法存在，在婚礼上宣读和公证结婚证书，同时还要祝贺新人。主婚人主要代表主人对现场来宾表示感谢，负责嘱托新人并对新人就成家之后提出要求等。二是出场顺序不同。一般是证婚人先出场，主婚人后出场。如果一场婚礼同时安排了证婚人、主婚人，二者讲话的内容尽量不要重复，尤其是对新人表示真诚祝福的用语不可一样。

证婚主婚词一般由标题、称谓、正文三个部分组成。

一是标题。证婚主婚词有两种形式：一种直接以文种名"证婚词""主婚词"作为标题；另一种由事由、文种名组成，如"在×××和××结婚仪式上的证婚词/主婚词"。

二是称谓。称谓一般都采用泛称，如"各位亲友、各位来宾，女士们、先生们"等。

三是正文。正文包括开头、主体和结尾三个部分。开头概述证婚主婚的原因。证婚词的主体是宣读结婚证书，宣布一对新人的婚姻合法有效；主婚词的主体偏重于介绍新郎新娘的优秀，祝福佳偶天成等。证婚主婚词结尾都是表达对新人的由衷祝贺和美好祝福。

三、证婚主婚词的范例

范例 1

证婚词

各位亲友、各位来宾，女士们、先生们：

今天，我受×氏家族和×氏家族的重托，为新人×××先生与×××女士证婚。在这神圣而又庄严的婚礼仪式上，能为这对幸福的新人作证婚人我感到非常荣幸。新郎、新娘一路相识、相知、相爱，直至成为夫妻，走过了难忘的时光，对此让我们表示热烈的祝贺！

下面我来宣读新人的结婚证："中华人民共和国民政部结婚证持证人：×××　×××　登记日期××××年×月×日　结婚证字号×××结字　第×××××号　结婚申请，符合《中华人民共和国民法典》规定，予以登记，发给此证。登记机关：
××区民政局。"

现在，我宣布：×××先生与×××女士的感情是真挚的，
他们对共创未来已有了充分的准备，他们的婚姻符合《中华人民
共和国民法典》规定，并且已经取得了××区民政部门颁发的结婚证，
他们的婚礼是合法有效的！

祝福你们俩在人生的旅程中永远心心相印，钟爱一生！

范例2

在×××和×××结婚仪式上的主婚词

各位亲友、各位来宾，女士们、先生们：

今天，我受新郎新娘及双方父母的重托，担任×××先生与
×××女士结婚的主婚人。在这神圣而又庄严的婚礼仪式上，能
为这对珠联璧合、佳偶天成的新人主婚我感到十分荣幸。在此，我
首先代表一对新人的父母，向来参加婚礼的各位亲友、各位来宾和
各位朋友表示热烈欢迎和衷心的感谢！

月下老人巧牵线，世间青年喜成婚。新郎×××先生在×××
大学任教，投身教育事业，工作认真负责、任劳任怨，刻苦钻研业务，
成绩突出，是一位纯朴善良、才华出众的好青年。新娘×××女
士在××单位从事行政工作，不仅品貌出众、温柔体贴，而且善

于当家理财，是一位知书达理、蕙心兰质的好姑娘。他们在相处的过程中实现了志向、兴趣乐章的和谐共鸣，通过姻缘联系在一起，并在今天终于结为恩爱夫妻。今天来到现场的各位亲朋好友都是一对新人美满爱情的见证者。

新婚，是人生重要的一个阶段，是人生中一个新的里程碑，标志着新生活的开始，也意味着一对新人从此肩负起社会和家庭的责任。恩爱夫妻似青山不老，幸福伴侣如碧水长流。作为主婚人，我希望你们在今后的共同生活中互敬互爱，相敬如宾，夫妻并肩携手共创美好的未来；也希望你们继承和发扬中华民族的优良美德，孝敬双方父母、尊老爱幼，团结邻里，使家庭和睦！

最后，祝福你们俩钟爱一生，同心永结、幸福美满！祝愿在座的各位嘉宾、各位朋友，事业有成、前程辉煌！

以上两篇证婚主婚词用语简洁大方，祝福真诚美好，开篇都是对新人的信任表示感谢，或者代表新人的父母对百忙之中抽出时间来参加婚礼的亲朋好友表示感谢。结尾表达祝福，特别是主婚词既给新人以殷切的叮嘱和诚挚的建议，也对来宾表达了美好的祝愿。二者的区别在于，主婚词对新人的基本情况进行了介绍，特别是介绍了双方的优点与特点，让大家更加了解新人。

祝寿词

祝寿词是在老年人的寿诞庆典上表示祝贺的文辞。

一、祝寿词的特点

祝寿词具有两个特点。

一是内容具有喜庆性。祝寿词既要祝愿老人健康长寿，也要称颂老人的品德、贡献和声望，在措辞上都选用吉祥语言，体现喜悦与美好，为寿庆活动增添喜庆的气氛。

二是体裁具有多样性。祝寿词应根据祝寿对象的具体情况采用合适、贴切的体裁，既可以用一般的应用文体，也可以采用诗、词、对联等各种其他的文体样式。

二、祝寿词的写作要领

祝寿词在写作上围绕着"赞颂""祝愿""祝福"进行，主要由标题、称谓、正文和落款四个部分构成。

一是标题。祝寿词的标题有三种形式：一种直接以文种名"祝寿词"作为标题；一种由事由、文种名组成，如"为祝贺×××八十大寿的祝寿词"；还有一种由祝寿人、祝寿对象、文种名组成，如"×××给×××的祝寿词"。

二是称谓。通常在祝寿对象名称前面加上尊称，如"敬爱的""尊敬的"，后面加上"同志""先生""女士"或亲友间的称呼，以示尊重。

三是正文。正文由开头、主体和结尾组成。开头写上祝寿对象的寿诞岁数并表达自己的祝贺。主体既可对祝寿对象的贡献、成就和德行进行颂扬，也可概述其经历。结尾要表达良好的祝愿，主要是真诚地祝愿寿星幸福长寿。

四是落款。落款应署明祝寿人的姓名和祝贺日期。如果标题中已有祝寿人姓名，可在落款处直接写上日期。

祝寿词写作的注意事项有四个。

第一，内容要精练简洁。祝寿词不宜过长，尤其是在寿宴上宣读的祝寿词，更要力求短小精悍，避免长篇大论。总的来说，应该做到主旨鲜明，感情真挚热烈，富有感染性、启发性和鼓动性。

第二，语言要典雅贴切。祝寿词虽然要尽量口语化，但为德高望重者祝寿，宜多运用诗词写作中的对仗、押韵技巧。典雅贴切的语言既让人读起来朗朗上口，听起来具有音乐的节奏美，还能让人感受到祝寿人的文化品味。

第三，态度要实事求是。祝寿词会用大量的篇幅为寿星"评功摆好"，此部分必须实事求是，真诚赞扬其奉献与成绩，不言过其实，不阿谀奉承，这样才能"评"得恰如其分，"摆"得恰当得体。

第四，祝寿词要因人而异。为写出别具一格的祝寿词，祝寿人要根据不同的祝寿对象和本人的实际情况，采用不同的写法与语言，说进寿星的心坎里，道出与众不同的赞词。

三、祝寿词的范例

祝寿词

尊敬的袁隆平先生：

在您八十五岁寿辰之际，衷心祝愿您生日快乐！

您从事杂交水稻研究半个多世纪，行走田间，播撒梦想，耕耘希望。以一粒种子改变世界，用五十余载春秋践行"让世界远离饥饿"的志向。大师胸怀，百姓心态，几十年不变的是您心系国家的责任与担当！

您是无党派人士的杰出代表，与党肝胆相照、风雨同舟。在您身上，集中展现了无党派人士爱国报国、追求进步的优良传统，敬业为民、淡泊名利的无私风范，团结合作、自我砥砺的人生境界，为广大无党派人士和知识分子树立了时代标杆。

禾下乘凉万年劲松曾傲岁，田上遂愿千里宝马再争先！衷心祝愿您工作顺利、阖家幸福、健康长寿！

此文是中央领导同志为"杂交水稻之父"、中国工程院院士袁隆平先生八十五岁寿辰所写贺词，其最大的特点是辞简意足，语言精练而优美。全文仅用两百余字，对袁隆平先生为国家乃至世界粮食安全做出的巨大贡献致以崇高敬意，并表达真诚的祝愿，寥寥数笔，却展现了深刻的意蕴和动人的境界。

迎送词

迎送词是公共关系活动中常用的一种文体，是主人在为欢迎、送别客人而举行的酒会、茶会、宴会、晚会或其他仪式上发表的演讲。迎送词是欢迎词和欢送词的合称，在欢迎来宾的时候用欢迎词，在欢送客人时用欢送词。

一、迎送词的特点

迎送词具有四个特点。

一是礼仪性。迎送词的使用较为广泛，其主要作用是交流感情，密切宾客之间的关系，增进友谊，促进双方的理解与合作，礼节性很强。

二是针对性。迎送词的内容受到会议主题、迎送对象和迎送环境等方面的限制，具有鲜明的针对性。

三是情感性。迎送词要体现出主人充沛的感情，如欢迎词应表达"有朋自远方来"的欢愉之意，欢送词应表达依依惜别之情。

四是口语化。迎送词主要用于口语表达，遣词造句多用生活化的语言，显得简洁明快而又自然得体。

二、迎送词的分类

根据迎送对象的不同，迎送词可以分为迎送外宾的迎送词、迎送国内的外地区外单位的迎送词。根据表达方式的不同，迎送词可以分为现场演讲迎送词和报刊发表迎送词。根据公共关系性质的不同，迎送词可以分为私人交往迎送词和公事往来迎送词。

三、迎送词的写作要领

迎送词一般由标题、称谓、正文和落款四个部分组成。

一是标题。迎送词的标题有三种形式：一种以文种名作为标题，如"欢迎词""欢送词"；一种由事由、文种名组成，如"在欢迎×××总统的宴会上的欢迎词"；还有一种由致辞人姓名、事由、文种名组成，如"×××总理在×××总统的答谢宴会上的欢送词"。

　　二是称谓。称谓根据客人的身份及习惯使用尊称或泛称，要显得礼貌、亲切、友好。在正式的外交场合中，姓名要用全名、尊称，有的根据关系程度在姓名前面加上"尊敬的""亲爱的"等修饰语；在姓名后加上头衔，或加上"女士""先生"等。在一般外交场合或国内交往场合大多用泛称，如"同志们、朋友们""女士们、先生们"等。

　　三是正文。正文一般由开头、主体、结尾三个部分构成。开头部分向客人表示欢迎和问候，或表示欢送和祝福，简明扼要但真诚热情，营造出欢悦友好的氛围。主体部分是迎送词的主要内容。欢迎词应高度评价客人来访的背景及意义，回顾宾主双方友好交往的历史，赞颂愉快合作的共识；或者介绍客人的身份、取得的成就，以缩短双方的距离；或者简单介绍行程安排，提出发展友好关系的愿望，融洽彼此的关系等。欢送词应简要回顾客人此次来访的基本情况和双方建立的深厚友谊；高度评价此行的重要贡献以及成果，并表示由衷的感谢；就双方未来的发展提出愿望等。结尾主要表达希望、祝颂和谢意：欢迎词应对客人的到来表示真诚的欢迎和祝颂，欢送词应对客人的离去表示惜别之情和祝福之意。

　　四是落款。落款应注明迎送单位的名称、致词人的身份、姓名，并署上成文日期。在现场演讲时，对迎送词的落款可不进行宣读。

　　迎送词写作的注意事项有三个。第一，要夹叙夹议，叙事要概括，议论要精辟，既要注重礼节形式，又要有实务内容，切忌内容空泛。第二，语言要真切简朴、具有感染力，体现出发自内心的真挚感情，从而达到融洽关系、增进友谊的目的。第三，篇幅不宜太长。

四、迎送词的范例

范例 1

首届花瑶山歌对唱大赛上的欢迎词

各位领导、来宾、朋友们、乡亲们：

七月流火，丽日当空，在这秋高气爽的迷人季节，在洋溢着希望与笑脸的千年古寨，我们有幸汇聚一堂，纪念花瑶同胞的传统佳节"讨僚皈"暨参加首届花瑶山歌对唱大赛，并一同迎来了省祁剧院下乡慰问演出。首先，谨让我代表乡党委、人大、人民政府、政协及全乡 13000 多名瑶汉两族人民对瑶族同胞致以节日的祝贺，对各位的莅临表示最热烈的欢迎！

古树石瀑金银花，百里瑶山多姿多彩；夜晒打蹈拦门酒，千年风情如诗如画。这是对瑶山丰富的自然人文资源的精辟概括，也是瑶山今后得以振兴发展的基础。近年来，各级领导及社会各界人士对瑶乡厚爱有加，各级各部门倾注了大量的财力物力，这一切均为古老的瑶乡注入了生机与活力，瑶山正在发生着翻天覆地的变化，千年古树正在绽放青春的嫩芽。这次山歌对唱大赛暨慰问演出必将对弘扬民族文化、开发旅游资源产生深远的影响，也将为广大人民群众提供一份可口的精神食粮。在此，我对多年来一贯支持瑶乡发展的各级领导及社会各界人士表示衷心的感谢！

明年是我乡建乡 50 周年华诞，当前各项准备工作正在紧锣密鼓地进行。乡党委、人民政府号召全乡人民一定要有民族团结的正气，不甘落后的勇气，迎难而上的锐气，敢为人先的豪气，立足本地资源，发展特色经济，从我做起，从现在做起，为 50 周年华诞献上一份满意的答卷。同时，我也诚恳地请求各级领导、各位来宾朋友们能对瑶山一如既往地予以关怀和支持，瑶乡的父老乡亲一定会乘势而上，用优异的成绩回报各位。我们相信，只要上下一心、团结一致，瑶山致富的日子一定会指日可待。

最后，祝首届花瑶山歌对唱大赛及省祁剧院的慰问演出圆满成功！祝各位领导朋友们身体健康、万事如意，祝瑶山的父老乡亲阖家欢乐、财源广进、幸福平安！

虎形山瑶族乡党委书记 ×××

××××年××月××日

此篇欢迎词对来宾表达了热烈的欢迎之情，在写作上有两个突出的特点值得我们学习与借鉴。第一，情绪始终热烈饱满，从对来宾的欢迎，到对支持瑶乡发展的各级领导和社会各界人士的衷心感谢，再到希望大家继续支持瑶乡发展的恳切请求，言语之间流露出东道主一颗真诚、滚烫的心。第二，语言通俗易懂，贴近瑶乡生活实际，令人倍感亲切；运用对比、排比频出金句，如"千年古树正在绽放青春的嫩芽""民族团结的正气，不甘落后的勇气，迎难而上的锐气，敢为人先的豪气"等。

范例2

2021届毕业生欢送词

亲爱的同学们：

你们好！

月亮岛上合欢开，淠水岸边与君别。迎着庆祝建党100周年的旗帜，你们迎来了不平凡的毕业季。在这个仲夏，伴随着深深同学情、拳拳朋友情和浓浓师生情，你们就要满怀累累硕果，告别与你一同进步发展的母校，挥别那些充满欢笑、洒过泪水的日日夜夜，背起行囊踏上新的征程。

"九万抟扶排羽翼，十年辛苦涉风尘。"回首青葱的校园时光，你们见证了百年芳华的皖院，共赴百年校庆的盛会，融入她的沧桑、光荣和梦想。你们中间有许多勇敢的青年积极参加各项志愿服务工作，以实际行动展现出当代大学生的青春风采。你们响应庆祝建党100周年的号召，积极参与党史学习教育，从党史中汲取青春奋斗的力量，在皖西这片红土地上传承红色基因，不忘初心，砥砺前行。如今，皖院也一天天见证着你们成长为一名合格的有志青年，敢于勇挑重担、勇克难关、勇斗风险。

厚德尚能，博学创新。大学时光犹如白驹过隙，转眼即逝，皖院校园留下了你们的身影。你们在各自的专业领域上发挥特长，或于校园媒体妙笔生花、出口成章；或于答辩场上挥斥方遒、慷慨激昂；或于实验室里刻苦钻研、精益求精；或于艺术舞台上惟妙惟肖、风尘翕张。你们曾风雨兼程，途径日暮不赏；图书馆门前，你们用浩浩的队伍和琅琅的读书声绘制梦想；你们曾漫步银杏树下、玉兰道旁，见证寒来暑往、秋收冬藏；你们曾在绿茵场上奋勇向前、激情四射，汗水闪耀着青春的光芒。朝夕耕耘，图春华秋实；十年寒窗，求学有所用。"及时当勉励，岁月不待人。"一路走来，母校和你们不断迎接胜利与挑战，一起经历欢笑与泪水，母校和你们一起成长，共同茁壮。

数载学海泛舟，今朝志在四方。你们即将离开母校，奔赴新的人生征程，实现从青年学生到社会主义建设者的重要转变。希望你们努力在为人民服务中体现价值、追逐梦想，在顺应时代潮流中敢为人先、重担勇扛，在社会实践中强化修为、增长本领。不负伟大的时代，为人民谋幸福，为社会谋福祉，为实现中华民族伟大复兴的中国梦而努力奋斗！

"我们生在红旗下，长在春风里，人民有信仰，国家有力量，民族有希望。目光所至皆为华夏，五星闪耀皆为信仰。"亲爱的同学们，衷心祝愿你们在这个时代和社会绽放出属于你们的光芒，在今后的征程中一帆风顺，鹏程万里，拥抱辉煌！

皖西学院

2021 年 6 月

这是皖西学院对应届毕业生所致的欢送词，既有对校园生活的青春回忆，又有对未来征程的深情祝福，还有对胸怀"国之大者"的恳切要求。通篇措辞精当，饱含深情，言之有序，行文舒展自如，令人读来虽感不舍，但又觉精神振奋，堪称欢送词之佳作。

新年贺词

新年贺词是指在新春佳节之际，党政机关、人民团体、企事业单位或个人表达新年美好祝福的礼仪文书。国家层面的新年贺词是一个国家表达祝福、鼓舞民众、宣传本国政策主张、传播塑造国家形象的重要形式。

一、新年贺词的特点

新年贺词具有三个鲜明的特点。

一是针对性强。新年贺词的主要内容既有对过去一年工作、生活、成绩的总结，又有对新一年的盼望和美好期许。特别是国家主席在新年前夕发表的新年贺词，蕴含着对本国发展的企盼、对社会发展的期许和对民众幸福的承诺，每年都能引起广泛关注。

二是形式多样化。新年贺词的篇幅可长可短，少则几字，多则几百字甚至上千字，可通过广播、电视、网络、报刊等多种媒体形式公开发表。

三是充满祝贺性。新年贺词关键是向对方表示祝福、庆贺，所以要求感情真挚热烈，用词切合身份，语言明快流畅。

二、新年贺词的分类

新年贺词种类繁多，风格多种多样。根据发表主体的不同，新年贺词分为国家主席新年贺词、地方人民政府新年贺词、企事业单位新年贺词、个人新年贺词等。根据场合的不同，新年贺词分为祝福长辈、祝福儿女、祝福同学、祝福朋友等内容。不同的新年贺词侧重点各不相同，但除了表达祝贺，都涵盖对过去一年的总结和对新一年的展望。

三、新年贺词的写作要领

新年贺词主要由标题、署名日期、称谓、正文四个部分构成。

一是标题。新年贺词的标题有三种形式：一种直接写文种名"新年贺词"；一种由年份、文种名构成，如"2021年新年贺词"；一种为复合式标题，由主标题、副标题构成，如"新时代新梦想——××××年新年贺词"。

二是署名日期。新年贺词必须标明致辞人，也就是贺词名义上的发布者。署名一般分为两种情况：一种以个人的名义署名，写上单位、职务、姓名即可；另一种以集体的名义发文，写上单位即可，如"中共××省委员会××省人民政府""××集团公司"。发表日期一般在元旦的前一天或元旦当天，即"××××年12月31日""××××年1月1日"。署名日期要么放在标题下方居中位置，要么放在正文之后的落款位置。

三是称谓。称谓一般为泛称，如"同志们、朋友们，女士们、先生们"等。

四是正文。新年贺词的正文包括开头、主体和结尾。开头要开门见山地说出祝福语，表明发布者的身份、代表的名义和祝福的对象。正文的主体部分主要用凝练的语言概括总结过去的一年，展望新的一年。回顾一年的成绩时可以采用整段式概括，也可以分段式阐述，每一段都用主旨句引领，以使主要成绩一目了然、层次清楚。发布者也可以在成绩和展望的内容中间穿插表达感谢和祝福的话语，强调成绩来之不易，感谢支持与帮助，勾勒未来努力的方向。结尾部分一般是倡议号召和祝福赞颂，再次表明为实现展望的内容而努力的决心和要达成的目标。赞颂语一般为"祝伟大的祖国繁荣昌盛，国泰民安！"，祝福语一般为"祝大家新年快乐，工作顺利，阖家幸福！"。有的少数民族地区的新年贺词会在文末加上少数民族语言中的祝福语，更加贴近群众，表示对少数民族的尊重和问候。

新年贺词写作的注意事项有三个。第一，主旨要突出，因为新年贺词主要是对过去的总结和对未来的展望，所以必须严格围绕这两个主题展开叙述。第二，结构要严谨，层次清楚、过渡自然，必须对成绩进行取舍，突出主要素材，以给人留下深刻的印象。第三，言简意赅，虚实结合，鼓舞人心，避免讲废话、大话、套话、空话，运用精练的语言，追求简洁、明确的表达效果。

四、新年贺词的范例

2021年新年前夕，我国国家主席习近平通过中央广播电视总台和互联网，发表了二〇二一年新年贺词。正文如下。

大家好！2021年的脚步越来越近，我在北京向大家致以新年的美好祝福！

2020年是极不平凡的一年。面对突如其来的新冠肺炎疫情，我们以人民至上、生命至上诠释了人间大爱，用众志成城、坚忍不拔书写了抗疫史诗。在共克时艰的日子里，有逆行出征的豪迈，有顽强不屈的坚守，有患难与共的担当，有英勇无畏的牺牲，有守望相助的感动。从白衣天使到人民子弟兵，从科研人员到社区工作者，从志愿者到工程建设者，从古稀老人到"90后"、"00后"青年一代，无数人以生命赴使命、用挚爱护苍生，将涓滴之力汇聚成磅礴伟力，构筑起守护生命的铜墙铁壁。一个个义无反顾的身影，一次次心手相连的接力，一幕幕感人至深的场景，生动展示了伟大抗疫精神。平凡铸就伟大，英雄来自人民。每个人都了不起！向所有不幸感染的病患者表示慰问！向所有平凡的英雄致敬！我为伟大的祖国和人民而骄傲，为自强不息的民族精神而自豪！

艰难方显勇毅，磨砺始得玉成。我们克服疫情影响，统筹疫情防控和经济社会发展取得重大成果。"十三五"圆满收官，"十四五"全面擘画。新发展格局加快构建，高质量发展深入实施。我国在世界主要经济体中率先实现正增长，预计2020年国内生产总值迈上百万亿元新台阶。粮食生产喜获"十七连丰"。"天问一号"、"嫦娥五号"、"奋斗者"号等科学探测实现重大突破。海南自由贸易港建设蓬勃展开。我们还抵御了严重洪涝灾害，广大军民不畏艰险，同心协力抗洪救灾，努力把损失降到了最低。我到13个省区市考察时欣喜看到，大家认真细致落实防疫措施，争分夺秒复工复产，全力以赴创新创造，神州大地自信自强、充满韧劲，一派只争朝夕、生机勃勃的景象。

2020年，全面建成小康社会取得伟大历史性成就，决战脱贫攻坚取得决定性胜利。我们向深度贫困堡垒发起总攻，啃下了最难啃的"硬骨头"。历经 8 年，现行标准下近 1 亿农村贫困人口全部脱贫，832 个贫困县全部摘帽。这些年，我去了全国 14 个集中连片特困地区，乡亲们愚公移山的干劲，广大扶贫干部倾情投入的奉献，时常浮现在脑海。我们还要咬定青山不放松，脚踏实地加油干，努力绘就乡村振兴的壮美画卷，朝着共同富裕的目标稳步前行。

今年，我们隆重庆祝深圳等经济特区建立 40 周年、上海浦东开发开放 30 周年。置身春潮涌动的南海之滨、绚丽多姿的黄浦江畔，令人百感交集，先行先试变成了示范引领，探索创新成为了创新引领。改革开放创造了发展奇迹，今后还要以更大气魄深化改革、扩大开放，续写更多"春天的故事"。

大道不孤，天下一家。经历了一年来的风雨，我们比任何时候都更加深切体会到"人类命运共同体"的意义。我同国际上新老朋友进行了多次通话，出席了多场"云会议"，谈得最多的就是和衷共济、团结抗疫。疫情防控任重道远。世界各国人民要携起手来，风雨同舟，早日驱散疫情的阴霾，努力建设更加美好的地球家园。

2021 年是中国共产党百年华诞。百年征程波澜壮阔，百年初心历久弥坚。从上海石库门到嘉兴南湖，一艘小小红船承载着人民的重托、民族的希望，越过急流险滩，穿过惊涛骇浪，成为领航中国行稳致远的巍巍巨轮。胸怀千秋伟业，恰是百年风华。我们秉持以人民为中心，永葆初心、牢记使命，乘风破浪、扬帆远航，一定能实现中华民族伟大复兴。

站在"两个一百年"的历史交汇点，全面建设社会主义现代化国家新征程即将开启。征途漫漫，惟有奋斗。我们通过奋斗，披荆斩棘，走过了万水千山。我们还要继续奋斗，勇往直前，创造更加灿烂的辉煌！

此时此刻，华灯初上，万家团圆。新年将至，惟愿山河锦绣、国泰民安！惟愿和顺致祥、幸福美满！

谢谢大家！

习近平主席的每一次新年贺词都紧扣时代脉搏、顺应时代潮流、站在时代前列、贯穿时代主题，扎根中国大地、贴近现实生活、呼应百姓期盼、契合社会心理。2021 年的新年贺词言简意赅、点到即止、短小精悍、亮点纷呈，呈现出以下鲜明特点。

一是既有鲜明的主题主线，又有突出的中心思想。人民是一以贯之的主题，我国之所以能在 2020 年取得抗击新冠肺炎疫情和脱贫攻坚的胜利，正是因为每一个普通人的力量汇聚在了一起，从而在艰难中创造出令人惊叹的奇迹。"每个人都了不起""愚公移山的干劲"等表述令人印象深刻。

二是既有对执政理念的阐释，又有对殷殷期望的表达。"胸怀千秋伟业，恰是百年风华。我们秉持以人民为中心，永葆初心、牢记使命，乘风破浪、扬帆远航，一定能实现中华民族伟大复兴"等，生动体现了习近平主席治国理政一以贯之的重要思想，同时又赋予了新的时代内涵和现实要求，是广大党员干部前行的灯塔和思想指南，也是广大群众的言行指南。

三是既讲大白话，又说知心话。全文善于讲大白话，如开场白"2021年的脚步越来越近，我在北京向大家致以新年的美好祝福！"朴实、真切、平和、自然、可亲之风扑面而来，让大家感到暖人心、"接地气"。"从白衣天使到人民子弟兵……"点出了8个群体，"向所有平凡的英雄致敬！"点赞了全中国的每一个人。从全民抗疫、军民抗洪，谈到脱贫攻坚"啃下了最难啃的'硬骨头'"等方面的事情，就像唠家常一样，如同和老百姓掰着指头算账唠嗑，润人心田。

四是既有对"中国声音"的传播，又有对"中国温度"的传递。新年贺词不仅仅是说给中国人听的，同时也是说给全世界听的。"大道不孤，天下一家""更加深切体会到人类命运共同体的意义"，让世人看到了"大国的样子"，感受到了立己达人、兼善天下，美美与共、天下大同的"中国温度"和人情味。

第三章
管理制度类文书写作要领与范例

章程

　　章程是某一政党、企事业单位或社会团体，为保证其组织活动的正常运行，系统阐明自身性质、宗旨、任务以及规定成员的条件、权利、义务、纪律及组织结构、活动规则、职责范围等，要求全体成员共同遵守的规则性文书。

一、章程的特点

　　章程具有四个特点。

　　一是全体的共识性。章程反映了一个组织全体成员共同的理想、愿望、意志，体现了全体成员的共同利益，只有在全体成员达成共识的基础上才能建立起来。未达成共识、多数人抱有质疑态度的内容，不能写入章程。

　　二是较强的稳定性。章程是组织的基本纲领和行动准则，应在一定时期内稳定地发挥作用，不宜轻易变动；如需更动或修订，应履行特定的程序与手续。

三是严格的约束性。章程作用于组织内部，不由国家强制予以推行，但要求其下属组织及全体成员严格信守，有一定的规范作用和约束力。

四是明确的可行性。为便于全体成员接受约束和规范，章程的制定必须从实际出发，所规定的内容要具有可行性，表述要准确、明晰。

二、章程的写作要领

根据制定者和规定内容的不同，章程可分为组织章程和业务工作章程两种。章程一般由标题、正文、通过的日期和方式三个部分构成。

一是标题。章程的标题由制文机关、文种名组成，如"中国共产党章程"。

二是正文。正文通常有两种结构。一种是章条式，包括总则（或总纲）、分则和附则三个部分。第一章为总则（或总纲），主要说明本组织的性质、宗旨、指导思想等；中间各章是分则，分别阐述本组织的任务，组织成员的权利、义务、纪律、活动方式，组织机构等；最后是附则，说明本章程的制定权、修改权、解释权以及施行日期等。另一种是条款式，适用于比较简单的章程。正文分条款逐条叙述，先说明制定该章程的依据、目的，再叙述具体的条文。

三是通过的日期和方式。可在标题之下以括号形式标明该章程通过的时间和会议名称，既能说明该章程的生效时间，也能说明其制定或修改的历史发展阶段，也可以在附则里说明通过的日期和方式。

章程写作的注意事项有四个。第一，内容要完备。章程的内容既要涵盖面广，又要突出重点；既要符合党和政府的有关政策和法令，又要符合本组织的实际情况；既要根据现有条件，尽量做到周到细致、完备无缺，又要考虑有一定时间内的持续性与相对稳定性，做到合情合理，不可朝令夕改。第二，结构要严谨。制定章程一般遵循"总分"的结构，对全文的构成做出合理的安排，使章程条理清晰、环环相扣，遵循严格的逻辑性，成为一个有机的统一体。第三，文字要规范。措辞要庄重、严谨，不能使用抽象、笼统的语句，不可前后矛盾或解释不一；条文应简约、明确、具体、通俗易懂、前后贯通。第四，要广泛征求意见。章程最主要的作用之一是保证组织的思想统一，加之组织成员必须就章程内容达成共识，所以撰写章程要经过多次讨论、修改，并需要征求相关专家人士的意见，直至逐步完善定稿。

三、章程的范例

范例 1

中国行政体制改革研究会章程

第一章　总则

第一条　本会名称：中国行政体制改革研究会。

英文名称：China Society of Administrative Reform，缩写 CSOAR。

第二条　本会是由从事行政体制改革理论研究、教学培训、咨询服务的专业机构和有关企业事业单位、个人，自愿结成的研究行政管理理论与实践，为深化行政管理体制改革、推进政府自身改革与建设、加强政府管理创新服务的全国性、非营利性学术团体。

第三条 本会的宗旨是：高举中国特色社会主义伟大旗帜，以邓小平理论和"三个代表"重要思想为指导，深入贯彻落实科学发展观，围绕党和国家中心任务，服务政府工作大局，研究行政体制改革和政府管理创新方面的重大理论和实践问题，为建立完善的中国特色社会主义行政管理体制、提高政府建设科学化水平、建设服务型现代化政府提供理论支撑与决策咨询服务。

本会在活动过程中严格遵守宪法、法律、法规和国家政策，遵守社会道德风尚。

第四条 本会的业务主管单位是国家行政学院，登记管理机关是民政部。本会接受业务主管单位和社团登记管理机关的业务指导和监督管理。

第五条 本会住所：北京市。

第二章 业务范围

第六条 本会的业务范围包括：（具体内容略）

第三章 会员

第七条 本会由单位会员和个人会员组成。

单位会员包括与行政体制改革密切相关的学术研究、教学培训、咨询服务等专业机构、企事业单位和社会组织。

单位会员须指定一名代表（单位的法定代表人或主要负责人）负责与本会的联系，单位会员更换代表，需向本会书面报告。会员单位发生合并、分立、终止等情况时，应报理事会备案，其会员资格相应变更或终止。

个人会员包括从事与行政体制改革密切相关的教学培训、科研机构和高等院校的专家学者及从事实际行政工作的个人。

第八条　申请加入本会的会员，必须具备下列条件：（具体内容略）

第九条　会员入会的程序是：（具体内容略）

第十条　会员享有以下权利：（具体内容略）

第十一条　会员须履行下列义务：（具体内容略）

第十二条　根据国家有关规定，会费按年度于每年 10 月 31 日前以人民币一次性缴纳，单位会员每年 2000 元起，个人会员免交会费。

第十三条　会员退会应书面通知本会，并交回会员证。会员如果连续一年不交纳会费或不参加本会活动的，视为自动退会。

第十四条　会员如有严重违反本章程的行为，经理事会或常务理事会表决通过，予以除名。

第四章　组织机构和负责人的产生、罢免（具体内容略）

第五章　资产管理、使用（具体内容略）

第六章　章程的修改程序（具体内容略）

第七章　终止程序及终止后的财产处理（具体内容略）

第八章　附则

第四十九条　本章程经 2010 年 4 月 17 日第一次会员代表大会表决通过。

第五十条　本章程的解释权属本会理事会。

第五十一条　本章程自社团登记管理机关核准之日起生效。

范例 2

北京大学校友会章程

第一章　总则

第一条　本会定名为北京大学校友会（Peking University Alumni Association，缩写 PKUAA）。

第二条　本会是由北京大学校友自愿结成的全国性、联合性、非营利性社会组织。

第三条　本会的宗旨是：以马克思列宁主义、毛泽东思想、邓小平理论、"三个代表"重要思想、科学发展观和习近平新时代中国特色社会主义思想为指导思想和行动指南，始终坚持党的领导，把党的工作融入本会运行和发展全过程；加强校友之间及校友和母校之间的联系，激励校友发扬北京大学爱国、进步、民主、科学的优良传统，为母校建设发展、为中华民族伟大复兴作出贡献。本会遵守宪法、法律、法规和国家政策，践行社会主义核心价值观，遵守社会道德风尚。本会坚持中国共产党的全面领导，本会根据《中国共产党章程》的规定，设立中国共产党的组织，开展党的活动，为党组织的活动提供必要条件。

第四条　本会接受业务主管单位教育部和社团登记管理机关民政部的业务指导和监督管理。

第五条　本会住所设在北京市。

第二章 业务范围

第六条 本会的业务范围：

（一）联络和服务广大校友，加强校友间、校友和母校的交流；

（二）支持校友为母校发展、国家建设和社会进步作贡献；

（三）推动各类校友组织的发展建设；

（四）构建校友网络，通过刊物以及新媒体宣传母校和校友成就；

（五）符合本会宗旨的其他活动。

业务范围中属于法律法规规章规定须经批准的事项，依法经批准后开展。

第三章 会员（具体内容略）

第四章 组织机构和负责人产生、罢免

第十六条 本会的最高权力机构是会员代表大会，其职权是：（具体内容略）

第二十条 理事会的职权是：（具体内容略）

第三十条 本会会长行使下列职权：（具体内容略）

第三十一条 本会秘书长行使下列职权：（具体内容略）

第五章 资产管理、使用原则

第三十七条 本会经费来源：

（一）会费；

（二）北京大学或其他单位组织资助；

（三）社会捐赠；

111

（四）在核准的业务范围内开展活动和服务的收入；

（五）利息；

（六）其他合法收入。

··············

第六章　章程的修改程序（具体内容略）

第七章　终止程序及终止后的财产处理（具体内容略）

第八章　附则

第五十二条　本章程经 2018 年 12 月 1 日第九届会员代表大会第二次会议表决通过。

第五十三条　本章程的解释权属本会理事会。

第五十四条　本章程自社团登记管理机关核准之日起生效。

两个章程都采用章条式结构，有几点共同之处值得我们学习与借鉴。第一，内容极其完备。一共八章，涉及业务范围，会员，组织机构和负责人的产生、罢免，资产管理、使用，章程的修改程序，终止程序及终止后的财产处理等方方面面。另外，总则说明了组织的中文名称、英文名称、性质、宗旨、业务主管单位和登记管理机关、地址等。第二，逻辑非常严密。总则概述，分则以总则为指导，进一步具体分条陈述，对事理的逻辑表达一环扣着一环，体现出较强的逻辑性，使章程成为一个有机的统一体。第三，形式规范，内容流畅。形式上，各章皆有序号、标题，章内分条，一排到底；内容上，文字明确简洁，语义毫不含糊，可见是经过反复提炼而成。

条例

条例是党的最高领导机关、国家最高行政机关、国家和地方立法机关，用来对机关、团体的组织、职权、工作、活动及成员的行为，对某一重大的事项办理做出比较全面、系统、原则的规定的法规性文件。

一、条例的特点

条例具有三个特点。

一是内容的法规性。条例是法规性文件，一经颁布实施，所涉及的对象就必须依条款办事。

二是时效的稳定性。条例具有稳定的特点，一经颁布实施，在一个相当长的时限内，约束范围内的机构和人员就必须执行条例。

三是制发的独特性。条例的制发者必须是国家权力机关或行政机关，以及受这些机关委派的组织，具有权威和约束力。企事业单位、党派团体不能使用条例行文。

二、条例种类

条例一般分为两种：一种是法律性条例，如《中华人民共和国治安管理处罚条例》；另一种是组织章程性条例，规定某一组织的职权、任务、权限等，如《广东省基金会管理条例》。

条例和章程一样，通常由标题、通过的日期和方式、正文三个部分构成。

一是标题。条例的标题有两种方式：一种由制文机关、事由、文种名构成，如"湖南省绿色建筑发展条例"；另一种则由事由和文种名组成，如"电影管理条例"。

二是正文。条例和其他法规性文件一样，正文通常采用章条式结构：总则说明制定条例的目的、依据、原则、指导思想、适用范围等；分则写明所规定的具体事项内容，既可以由若干章组成，也可以是并列的若干章或条文；附则明确生效日期、解释权归属以及与其他法律、条例的关系等。

三是通过的日期和方式。可以在标题之下以括号形式标明该条例通过的时间和会议名称，也可以在附则里进行说明。

条例属于党和国家的法规性文件，具有很强的权威性，必须慎用，且要征求多方面的意见进行谨慎论证后才能制定。

三、条例的范例

范例 1

中国共产党纪律处分条例（具体内容略）

第一编　总则

第一章　指导思想、原则和适用范围（第一条至第六条）

第二章　违纪与纪律处分（第七条至第十六条）

第三章　纪律处分运用规则（第十七条至第二十六条）

第四章　对违法犯罪党员的纪律处分（第二十七条至第三十三条）

第五章　其他规定（第三十四条至第四十三条）

第二编　分则

第六章　对违反政治纪律行为的处分（第四十四条至第六十九条）

第七章　对违反组织纪律行为的处分（第七十条至第八十四条）

第八章　对违反廉洁纪律行为的处分（第八十五条至第一百一十一条）

第九章　对违反群众纪律行为的处分（第一百一十二条至第一百二十条）

第十章　对违反工作纪律行为的处分（第一百二十一条至第一百三十三条）

第十一章　对违反生活纪律行为的处分（第一百三十四条至第一百三十八条）

第三编　附则

（第一百三十九条至第一百四十二条）

《中国共产党纪律处分条例》是关于党的纪律建设的基础性法规，一个鲜明的特点是突出政治性，把坚决维护习近平总书记党中央的核心、全党的核心地位，坚决维护党中央权威和集中统一领导作为出发点和落脚点。该条例在内容上把执纪和执法贯通起来，使全面从严治党的思路和举措更加科学、更加严密、更加有效，在结构上采用了大编章的形式。全文分"总则""分则""附则"三大编，编下设章，章下设条，"总则"部分为一至五章，包括第一条至第四十三条；"分则"部分为六至十一章，包括第四十四条至第一百三十八条；"附则"部分包括第一百三十九条第至第一百四十二条。

范例 2

四川省交通运输综合行政执法条例

（2021 年 9 月 29 日四川省第十三届人大常委会第三十次会议通过）

第一章　总则

第一条　为了规范交通运输综合行政执法行为，监督和保障交通运输综合行政执法机构及其执法人员依法履行职责，保护公民、法人和其他组织的合法权益，促进交通运输事业高质量发展，建设人民满意交通，根据《中华人民共和国行政处罚法》《中华人民共和国行政强制法》等法律法规，结合四川省实际，制定本条例。

第二条　四川省行政区域内的交通运输综合行政执法及其监督管理活动，适用本条例。

法律、法规对综合行政执法另有规定的，从其规定。

第三条　本条例所称交通运输综合行政执法，是指交通运输综合行政执法机构依照法律、法规、规章规定履行交通运输领域公路路政、道路运政、水路运政、航道行政、港口行政、地方海事行政、工程质量监督管理等行政处罚以及与行政处罚相关的行政检查、行政强制等执法职能的活动。

县级以上地方人民政府应当在交通运输领域建立综合行政执法制度，相对集中行使行政执法职能。

第四条至第十条（具体内容略）

第二章　执法规范

第十一条　县级以上地方人民政府交通运输主管部门应当根据法律、法规、规章规定，建立交通运输综合行政执法事项目录，并进行动态调整。

交通运输主管部门应当将执法事项、执法依据、实施程序、监督方式等依法向社会公开。

第十二条至第二十条（具体内容略）

第三章　执法协作

第二十一条　跨区域的案件，交通运输综合行政执法机构之间应当加强执法协作。交通运输综合行政执法机构共同的上一级主管部门或者交通运输综合行政执法机构应当做好统筹协调工作。

第二十二条至第二十七条（具体内容略）

第四章　执法监督

第二十八条　交通运输主管部门应当建立执法培训、岗位交流、督查考核和责任追究等制度，通过暗访督查、案卷评查、组织考试、受理投诉举报等方式，加强对交通运输综合行政执法机构以及乡镇人民政府、街道办事处交通运输综合行政执法业务工作的指导、监督和执法人员的培训。

第二十九条至第三十二条（具体内容略）

第五章　执法保障

第三十三条　县级以上地方人民政府应当将交通运输综合行政执法经费列入同级预算，保障交通运输综合行政执法工作所需经费。

第三十四条至第三十八条（具体内容略）

第六章　法律责任

第三十九条　交通运输综合行政执法机构和执法人员有本条例第二十条行为之一的，对直接负责的主管人员和其他直接责任人员，依法给予处分；构成犯罪的，依法追究刑事责任。

第四十条至第四十一条（具体内容略）

第七章　附则

第四十二条　本条例自 2021 年 11 月 1 日起施行。

　　《四川省交通运输综合行政执法条例》是全国首个交通运输综合行政执法条例，采用章条式结构，共七章、四十二条，分为总则、执法规范、执法协作、执法监督、执法保障、法律责任和附则。该条例行文规范严谨，对解决执法改革中的体制机制性问题、巩固改革成果、在交通运输领域实现"一支队伍"管执法等具有重要意义。

规定

　　规定是为实施贯彻有关法律、法令和条例，根据其规定和授权，对有关具体工作或事项做出局部规范的法规性文件。规定通常由制定原法律、法令和条例的机关或法律、法规授权的机关制定。

一、规定的特点

规定与条例、办法等比较，具有三个特点。

一是内容具有侧重性。规定的内容不像条例的内容那样全面和系统，主要用于明确对国家或某一地区的政治经济和社会发展的某一方面或某些重大事故的管理或限制，侧重于政策和管理方面。

二是表达比较概括。规定虽然只对特定的工作进行部分限定，但是原则性较强，在表达上与条例相比更加具体，而与办法相比，又比较概括。

三是法律效力比较大。规定涉及的工作或问题不如条例涉及的重大，其法规性、约束力不及条例。但与结合实际变通、贯彻执行的办法相比，规定的强制约束性更强。

二、规定的写作要领

规定一般由标题、正文两个部分构成。

一是标题。规定的标题通常有两种形式：一种由制发机关、事由、文种名组成，如《×××关于×××管理的规定》。另一种由事由、文种名组成，如"关于规范上市公司重大资产重组若干问题的规定"。

二是正文。正文一般有两种结构，涉及工作或问题比较复杂的采用章条式，内容较少的采用条款式。正文主要说明本规定的制作目的、制作根据和适用范围，对特定的工作或问题做出明确的要求和规范，说明本规定的解释权以及施行日期等。

三、规定的范例

范例1

领导干部报告个人有关事项规定

第一条 为贯彻全面从严治党要求，加强对领导干部的管理和监督，促进领导干部遵纪守规、廉洁从政，根据《中国共产党章程》等党内法规和国家有关法律法规，制定本规定。

第二条 本规定所称领导干部包括：

（一）各级党的机关、人大机关、行政机关、政协机关、审判机关、检察机关、民主党派机关中县处级副职以上的干部（含非领导职务干部，下同）；

（二）参照公务员法管理的人民团体、事业单位中县处级副职以上的干部，未列入参照公务员法管理的人民团体、事业单位的领导班子成员及内设管理机构领导人员（相当于县处级副职以上）；

（三）中央企业领导班子成员及中层管理人员，省（自治区、直辖市）、市（地、州、盟）管理的国有企业领导班子成员。

上述范围中已退出现职、尚未办理退休手续的人员适用本规定。

第三条 领导干部应当报告下列本人婚姻和配偶、子女移居国（境）外、从业等事项：

（一）本人的婚姻情况；

（二）本人持有普通护照以及因私出国的情况；

（三）本人持有往来港澳通行证、因私持有大陆居民往来台湾通行证以及因私往来港澳、台湾的情况；

（四）子女与外国人、无国籍人通婚的情况；

（五）子女与港澳以及台湾居民通婚的情况；

（六）配偶、子女移居国（境）外的情况，或者虽未移居国（境）外，但连续在国（境）外工作、生活一年以上的情况；

（七）配偶、子女及其配偶的从业情况，含受聘担任私营企业的高级职务，在外商独资企业、中外合资企业、境外非政府组织在境内设立的代表机构中担任由外方委派、聘任的高级职务，以及在国（境）外的从业情况和职务情况；

（八）配偶、子女及其配偶被司法机关追究刑事责任的情况。

本规定所称"子女"，包括领导干部的婚生子女、非婚生子女、养子女和有抚养关系的继子女。

本规定所称"移居国（境）外"，是指取得外国国籍或者获取国（境）外永久居留资格、长期居留许可。

第四条　领导干部应当报告下列收入、房产、投资等事项：

（一）本人的工资及各类奖金、津贴、补贴等；

（二）本人从事讲学、写作、咨询、审稿、书画等劳务所得；

（三）本人、配偶、共同生活的子女为所有权人或者共有人的房产情况，含有单独产权证书的车库、车位、储藏间等（已登记的房产，面积以不动产权证、房屋所有权证记载的为准，未登记的房产，面积以经备案的房屋买卖合同记载的为准）；

（四）本人、配偶、共同生活的子女投资或者以其他方式持有股票、基金、投资型保险等的情况；

（五）配偶、子女及其配偶经商办企业的情况，包括投资非上市股份有限公司、有限责任公司，注册个体工商户、个人独资企业、合伙企业等，以及在国（境）外注册公司或者投资入股等的情况；

（六）本人、配偶、共同生活的子女在国（境）外的存款和投资情况。

本规定所称"共同生活的子女"，是指领导干部不满 18 周岁的未成年子女和由其抚养的不能独立生活的成年子女。

本规定所称"股票"，是指在上海证券交易所、深圳证券交易所、全国中小企业股份转让系统等发行、交易或者转让的股票。所称"基金"，是指在我国境内发行的公募基金和私募基金。所称"投资型保险"，是指具有保障和投资双重功能的保险产品，包括人身保险投资型保险和财产保险投资型保险。

第五条 领导干部应当于每年 1 月 31 日前集中报告一次上一年度本规定第三条、第四条所列事项，并对报告内容的真实性、完整性负责，自觉接受监督。

非本规定第二条所列范围的人员，拟提拔为本规定第二条所列范围的考察对象，或者拟列入第二条所列范围的后备干部人选，在拟提拔、拟列入时，应当报告个人有关事项。

本规定第二条所列范围的人员辞去公职的，在提出辞职申请时，应当一并报告个人有关事项。

第六条 年度集中报告后，领导干部发生本规定第三条所列事项的，应当在事后 30 日内按照规定报告。特殊原因不能按时报告的，特殊原因消除后应当及时补报，并说明原因。

　　第七条　领导干部报告个人有关事项，按照干部管理权限由相应的组织（人事）部门负责受理：

　　（一）中央管理的领导干部向中共中央组织部报告，报告材料由该领导干部所在单位主要负责人阅签后，由所在单位的组织（人事）部门转交。

　　（二）属于本单位管理的领导干部，向本单位的组织（人事）部门报告；不属于本单位管理的领导干部，向上一级党委（党组）的组织（人事）部门报告，报告材料由该领导干部所在单位主要负责人阅签后，由所在单位的组织（人事）部门转交。

　　领导干部因职务变动而导致受理机构发生变化的，原受理机构应当在 30 日内将该领导干部的所有报告材料按照干部管理权限转交新的受理机构。

　　第八条　领导干部在执行本规定过程中，认为有需要请示的事项，可以向受理报告的组织（人事）部门请示。受理报告的组织（人事）部门应当认真研究，及时答复。

　　第九条　组织（人事）部门应当每年对领导干部报告个人有关事项的情况进行汇总综合，向同级党委（党组）和上一级党委（党组）的组织（人事）部门报告。

　　第十条　组织（人事）部门在干部监督工作和干部选拔任用工作中，按照干部管理权限，经本机关、本单位负责人批准，可以查阅有关领导干部报告个人有关事项的材料。

纪检监察机关（机构）在履行职责时，按照干部管理权限，经本机关负责人批准，可以查阅有关领导干部报告个人有关事项的材料。

巡视机构在巡视工作期间，根据工作需要，经巡视工作领导小组负责人批准，可以查阅有关领导干部报告个人有关事项的材料。

检察机关在查办职务犯罪案件时，经本机关负责人批准，可以查阅案件涉及的领导干部报告个人有关事项的材料。

第十一条　组织（人事）部门应当按照干部管理权限，对领导干部报告个人有关事项的真实性和完整性进行查核。查核方式包括随机抽查和重点查核。

随机抽查每年集中开展一次，按照10%的比例进行。

重点查核对象包括：

（一）拟提拔为本规定第二条所列范围的考察对象；

（二）拟列入本规定第二条所列范围的后备干部人选；

（三）拟进一步使用的人选；

（四）因涉及个人报告事项的举报需要查核的；

（五）其他需要查核的。

纪检监察机关（机构）、巡视机构、检察机关在履行职责时，按照本规定第十条规定履行报批手续后，可以委托组织（人事）部门按照干部管理权限，对领导干部报告个人有关事项的真实性和完整性进行查核。

第十二条　查核发现领导干部的家庭财产明显超过正常收入的，应当要求其作出说明，必要时可以对其财产来源的合法性进行验证。

第十三条 领导干部有下列情形之一的，根据情节轻重，给予批评教育、组织调整或者组织处理、纪律处分。

（一）无正当理由不按时报告的；

（二）漏报、少报的；

（三）隐瞒不报的；

（四）查核发现有其他违规违纪问题的。

第十四条 党委（党组）及其组织（人事）部门应当把查核结果作为衡量领导干部是否忠诚老实、清正廉洁的重要参考，运用到选拔任用、管理监督等干部工作中。对未经查核提拔或者进一步使用干部，或者对查核发现的问题不按照规定处理的，应当追究党委（党组）、组织（人事）部门及其有关领导成员的责任。

第十五条 中共中央组织部和地方党委组织部牵头建立领导干部个人有关事项报告查核联系工作机制，负责组织实施和协调工作。查核联系工作机制成员单位包括审判、检察、外交（外事）、公安、民政、国土资源、住房城乡建设、人民银行、税务、工商、金融监管等单位。各成员单位承担相关信息查询职责，应当在规定时间内，如实向组织部门提供查询结果。

第十六条 组织（人事）部门和查核联系工作机制成员单位，应当严格遵守工作纪律和保密纪律，设专人妥善保管领导干部的个人有关事项报告和汇总综合、查核等材料。对违反工作纪律、保密纪律或者在查核工作中敷衍塞责、徇私舞弊的，追究有关责任人的责任。

第十七条　组织（人事）部门要加强对本规定执行情况的监督检查。

第十八条　中央军委可以根据本规定，结合中国人民解放军和中国人民武装警察部队的实际，制定有关规定。

第十九条　各省、自治区、直辖市党委可以根据本规定，结合实际制定具体办法，报中共中央组织部同意后实施。

第二十条　本规定由中共中央组织部负责解释。

第二十一条　本规定自2017年2月8日起施行。2010年5月26日印发的《关于领导干部报告个人有关事项的规定》同时废止。

此规定是最新修订的，共二十一条，主要说明了制定本规定的目的和依据、本规定的适用对象，规定了领导干部报告个人有关事项的内容、程序，报告材料的查阅、汇总综合、抽查核实及违反规定的处理等。文字精练、简洁、条理清楚，具有很强的针对性和可操作性。

范例2

中国工程院职能配置、内设机构和人员编制规定

第一条　为了规范中国工程院的职能配置、内设机构和人员编制，推进机构、职能、权限、程序、责任法定化，根据《中国共产党机构编制工作条例》和党中央对院士队伍建设及国家高端智库建

设的有关要求，制定本规定。

第二条 中国工程院是国务院直属事业单位，是中国工程科学技术界的最高荣誉性、咨询性学术机构，为正部级。

第三条 本规定确定的主要职责、机构设置、人员编制等，是中国工程院机构职责权限、人员配备和工作运行的基本依据。

第四条 中国工程院负责贯彻落实党中央关于工程科技领域院士队伍建设和战略咨询的政策及决策部署，在履行职责过程中坚持和加强党中央对中国工程院各项工作的集中统一领导。主要职责是：

（一）组织开展本院院士（含外籍院士）增选和退出工作；加强院士队伍作风和学风建设；

（二）围绕经济社会发展特别是工程科技发展中的重大问题，开展战略咨询研究与评估，为党中央、国务院以及相关部门、地方提供决策咨询建议；

（三）开展工程科技领域学术交流，加强学术引领；促进工程科技领域广泛合作；代表中国工程科技界参加相关国际组织活动；

（四）承办党中央、国务院交办的其他任务。

第五条 中国工程院设下列内设机构：

（一）办公厅（机关党委）。负责机关日常运转，承担文秘、信息、安全、机要、保密、档案、督办、信访、新闻宣传、政务公开、财务、资产管理、内部审计、后勤管理等工作。负责机关和直属单位的党群、纪检、干部人事、机构编制、离退休干部等工作。

（二）一局。负责全院院士队伍建设统筹协调工作。拟订院士增选相关政策，承担组织开展全院院士增选和退出工作。承担院士队伍作风和学风建设工作。承担所联系学部的服务和管理工作。

（三）二局。负责全院战略咨询研究与评估工作的归口管理。研究拟订相关政策和管理办法草案，拟订相关工作规划计划草案，统筹推进规划计划的实施和绩效评估。承担所联系学部的服务和管理工作。

（四）三局。负责全院科技合作、学术活动和出版工作的归口管理。负责统筹院部、院地、院企等合作。拟订学术活动年度计划草案。牵头组织刊物建设及相关出版工作。承担所联系学部的服务和管理工作。

（五）国际合作局（港澳台办公室）。负责组织开展相关国际组织活动和有关国际学术交流合作活动。联系服务外籍院士。承担涉港澳台地区的学术交流与合作事宜。

第六条 中国工程院机关事业编制 96 名。设院长 1 名，副院长 4 名；司局级领导职数 18 名（含秘书长 1 名、副秘书长 1 名、机关党委专职副书记 1 名）。

第七条 中国工程院所属事业单位的设置、职责和编制事项另行规定。

第八条 本规定由中央机构编制委员会办公室负责解释，其调整由中央机构编制委员会办公室按规定程序办理。

根据机构编制管理权限，由中国工程院决定、报中央机构编制委员会办公室备案的机构编制事项，按照有关规定执行。

第九条 本规定自 2021 年 6 月 13 日起施行。

此规定只有九条，但是对中国工程院的主要职责、内设机构和人员编制进行了全面的规定。它在写作上值得我们学习与借鉴的是：既在主要内容上强调了原则性规范要求，体现了行为规范、运转协调、公开透明、廉洁高效的行政管理体制，实现机构和编制的法定化，又在文字上高度凝练，表达极其简明扼要。

办法

办法是国家机关、社会团体、企事业单位根据党和国家的方针、政策及有关法规、规定，就某一方面的工作或问题提出具体做法和要求，使有关部门在工作中有所遵循的公文文件。

一、办法的特点

办法的特点是目的更为明确，内容比较具体，更容易执行和操作，法律限制范围小，对象范围较窄，往往是实施条例的具体要求。

二、办法的写作要领

根据内容、性质的不同，办法可分为实施文件办法和工作管理办法两种。在内部颁行时通常使用"通知"做"文件头"，向社会公布时往往采用"法随令出"的形式。办法一般由标题、正文两个部分组成。

一是标题。标题通常有两种：一种由发文单位名称、公文主题、文种名组成，如"××区关于加强干部监督与经济责任审计监督结合贯通的实施办法";另一种由公文主题、文种名组成,如"社区矫正实施办法"。若上位法律法规或上级机关有明确的规定,要求结合本地实际制定具体措施和办法的,应在"办法"前加"实施"二字。若制定的办法不太成熟,在执行一段时间后需要根据实际工作再作修改,可在办法后加"暂行""试行"等词,如"关于建立容错纠错机制激励干部担当作为的办法(试行)"。

二是正文。办法的正文与章程的正文写法一致,通常有两种。办法内容较多、较复杂的,采用章条式,包括总则、分则和附则三个部分。总则主要说明制定办法的主题、目的、依据、意义、作用,以及具体工作的指导思想等。分则主要明确办法的具体内容,一般先从正面提出解决问题的办法,再从反面提出解决问题的办法,按照先主后次的顺序做出相应规定。附则说明本办法的制定权、修改权、解释权以及施行日期等。办法内容相对简单、较少的,采用条款式,就是将章条式的总则、分则和附则三部分内容,不分章节地全部依次逐条写清楚。

办法写作的注意事项有两个。第一,注意将原则性与灵活性相结合,给执行者一定的自主权,以充分调动其积极性。比如,可以合理使用"应、应该、可、可以、要"等字词。第二,如果是贯彻落实上级政策规定的实施办法,要在上级政策规定的范围内,表述得更具体、更细致、更切合实际,具有很强的可操作性。

三、办法的范例

范例1

证券期货行政执法当事人承诺制度实施办法

第一条　为了规范证券期货领域行政执法当事人承诺制度的实施，保护投资者合法权益，维护市场秩序，提高行政执法效能，根据《中华人民共和国证券法》（以下简称《证券法》）等法律，制定本办法。

第二条　本办法所称行政执法当事人承诺，是指国务院证券监督管理机构对涉嫌证券期货违法的单位或者个人进行调查期间，被调查的当事人承诺纠正涉嫌违法行为、赔偿有关投资者损失、消除损害或者不良影响并经国务院证券监督管理机构认可，当事人履行承诺后国务院证券监督管理机构终止案件调查的行政执法方式。

第三条　行政执法当事人承诺制度的实施应当遵循公平、自愿、诚信原则，不得损害国家利益、社会公共利益和他人合法权益。

第四条　国务院证券监督管理机构应当确定专门的内设部门负责行政执法当事人承诺工作，并将该内设部门与负责案件调查的内设部门分别设置。

国务院证券监督管理机构应当建立健全内部监督和社会监督制

度，加强对负责行政执法当事人承诺工作的内设部门以及相关人员执行法律、行政法规和遵守纪律情况的监督。

第五条 当事人自收到国务院证券监督管理机构案件调查法律文书之日至国务院证券监督管理机构作出行政处罚决定前，可以依照《证券法》等法律和本办法的规定，申请适用行政执法当事人承诺。国务院证券监督管理机构应当在送达当事人的案件调查法律文书中告知其有权依法申请适用行政执法当事人承诺。

第六条 当事人申请适用行政执法当事人承诺，应当提交申请书以及相关申请材料。申请书应当载明下列事项：（具体内容略）

第七条 有下列情形之一的，国务院证券监督管理机构对适用行政执法当事人承诺的申请不予受理：（具体内容略）

第八条 国务院证券监督管理机构应当自收到当事人完整的申请材料之日起20个工作日内，作出受理或者不予受理的决定。决定受理的，发给受理通知书；决定不予受理的，应当书面通知当事人并说明理由。

第九条 国务院证券监督管理机构受理申请后，在与当事人签署承诺认可协议前，不停止对案件事实的调查。

第十条 国务院证券监督管理机构自受理申请之日起，可以根据当事人涉嫌违法行为造成的损失、损害或者不良影响等情况，就适用行政执法当事人承诺相关事项与当事人进行沟通协商。

当事人提交的材料以及在沟通协商时所作的陈述，只能用于实施行政执法当事人承诺。

第十一条 国务院证券监督管理机构与当事人进行沟通协商的

期限为 6 个月。经国务院证券监督管理机构主要负责人或者其授权的其他负责人批准，可以延长沟通协商的期限，但延长的期限最长不超过 6 个月。

国务院证券监督管理机构与当事人沟通协商应当当面进行，并制作笔录。国务院证券监督管理机构与当事人进行沟通协商的工作人员不得少于 2 人，并应当向当事人出示执法证件。

国务院证券监督管理机构与当事人进行沟通协商的工作人员不得违反规定会见当事人及其委托的人。

第十二条　国务院证券监督管理机构相关工作人员与案件有直接利害关系或者有其他关系，可能影响公正执法的，应当回避。

当事人认为国务院证券监督管理机构相关工作人员有前款规定情形的，有权申请其回避。当事人提出回避申请，应当说明理由。国务院证券监督管理机构应当自当事人提出回避申请之日起 3 日内作出决定，并书面告知当事人。决定作出之前，被申请回避的人员不停止相关工作。

第十三条　国务院证券监督管理机构经与当事人沟通协商，认可当事人作出的承诺的，应当与当事人签署承诺认可协议。承诺认可协议应当载明下列事项：（具体内容略）

第十四条　国务院证券监督管理机构确定承诺金数额应当综合考虑下列因素：（具体内容略）

第十五条　国务院证券监督管理机构与当事人签署承诺认可协议后，应当中止案件调查，向当事人出具中止调查决定书，并予以公告。

当事人完全履行承诺认可协议后，国务院证券监督管理机构应当终止案件调查，向当事人出具终止调查决定书，并予以公告。国务院证券监督管理机构出具终止调查决定书后，对当事人涉嫌实施的同一个违法行为不再重新调查。

申请适用行政执法当事人承诺的当事人为《证券法》等法律、行政法规和国务院证券监督管理机构规定的信息披露义务人的，应当依法履行信息披露义务。

第十六条　有下列情形之一的，国务院证券监督管理机构应当终止适用行政执法当事人承诺：（具体内容略）

第十七条　国务院证券监督管理机构应当建立集体决策制度，讨论决定行政执法当事人承诺实施过程中的申请受理、签署承诺认可协议、中止或者终止案件调查等重大事项，并经国务院证券监督管理机构主要负责人或者其授权的其他负责人批准后执行。

第十八条　投资者因当事人涉嫌违法行为遭受损失的，可以向承诺金管理机构申请合理赔偿，也可以通过依法对当事人提起民事赔偿诉讼等其他途径获得赔偿。承诺金管理机构向投资者支付的赔偿总额不得超过涉及案件当事人实际交纳并用于赔偿的承诺金总额。投资者已通过其他途径获得赔偿的，不得就已获得赔偿的部分向承诺金管理机构申请赔偿。

承诺金管理和使用的具体办法由国务院证券监督管理机构会同国务院财政部门另行制定。

第十九条　当事人有下列情形之一的，由国务院证券监督管理机构记入证券期货市场诚信档案数据库，纳入全国信用信息共享平

台，按照国家规定实施联合惩戒：（具体内容略）

第二十条　国务院证券监督管理机构工作人员违反规定适用行政执法当事人承诺，或者泄露履行职责中知悉的商业秘密、个人隐私的，依法给予处分；构成犯罪的，依法追究刑事责任。

第二十一条　本办法自 2022 年 1 月 1 日起施行。

此办法是依据《中华人民共和国证券法》制定的，采用条款式结构。全文共 21 条，第一条至第五条说明制定本办法的目的、适用范围、实施原则、负责部门及职责等。第六条至第二十九条明确行政执法当事人承诺制度的申请、受理、沟通协商、公告、惩戒等一系列具体事项并进行逐条阐述。第二十一条说明了施行日期。全文依据上级机关的有关规定，联系实际，对具体工作进行界定，表述十分精准、周密，具体内容突出了针对性、可行性，值得我们学习与借鉴。

范例 2

征信业务管理办法

第一章　总则

第一条　为了规范征信业务及其相关活动，保护信息主体合法权益，促进征信业健康发展，推进社会信用体系建设，根据《中华人民共和国中国人民银行法》《中华人民共和国个人信息保护法》

《征信业管理条例》等法律法规，制定本办法。

第二条至第六条（具体内容略）

第二章　信用信息采集

第七条　采集个人信用信息，应当采取合法、正当的方式，遵循最小、必要的原则，不得过度采集。

第八条至第十五条（具体内容略）

第三章　信用信息整理、保存、加工

第十六条　征信机构整理、保存、加工信用信息，应当遵循客观性原则，不得篡改原始信息。

第十七条至第二十条（具体内容略）

第四章　信用信息提供、使用

第二十一条　征信机构对外提供征信产品和服务，应当遵循公平性原则，不得设置不合理的商业条件限制不同的信息使用者使用，不得利用优势地位提供歧视性或者排他性的产品和服务。

第二十二条至第三十二条（具体内容略）

第五章　信用信息安全

第三十三条　征信机构应当落实网络安全等级保护制度，制定涉及业务活动和设备设施的安全管理制度，采取有效保护措施，保障征信系统的安全。

第三十四条至第四十一条（具体内容略）

第六章　监督管理

第四十二条　征信机构应当将下列事项向社会公开，接受社会监督：

（一）采集的信用信息类别；

（二）信用报告的基本格式内容；

（三）异议处理流程；

（四）中国人民银行认为需要公开的其他事项。

第四十三条至第四十五条（具体内容略）

第七章 法律责任

第四十六条 违反本办法第四条规定，擅自从事个人征信业务的，由中国人民银行按照《征信业管理条例》第三十六条进行处罚；擅自从事企业征信业务的，由中国人民银行省会（首府）城市中心支行以上分支机构按照《征信业管理条例》第三十七条进行处罚。

金融机构违反本办法第五条规定，与未取得合法征信业务资质的市场机构开展商业合作获取征信服务的，由中国人民银行及其分支机构责令改正，对单位处3万元以下罚款，对直接负责的主管人员处1000元以下罚款。

第四十七条至第四十八条（具体内容略）

第八章 附则

第四十九条 金融信用信息基础数据库从事征信业务、从事信贷业务的机构向金融信用信息基础数据库报送或者查询信用信息参照本办法执行。

第五十条至第五十三条（具体内容略）

此管理办法的主要内容包括5个方面：一是对信用信息和征信业务做了明确规定；二是从保护个人和企业合法权益角度对信用信息的

采集、整理、保存、加工进行了规定；三是规范信用信息的提供、使用，保障其用于合法目的；四是对信用信息安全进行了规定；五是明确了监督管理责任和违反本办法的法律责任。全文共 8 章、53 条，按照先叙因由，后列规范，再说明有关情况的顺序，依次分章节编排，结构严谨，条款具体，内容明确。

细则

细则是有关机关或部门为了更好地贯彻执行某一法律、法规、规章，结合实际情况，对其进行解释、补充和辅助说明的法规性文件。

一、细则的特点

细则具有三个特点。

一是补充性和辅助性。细则是从属性文件，它对法律、法规、规章或其部分条文进行解释和说明，其目的是更好地贯彻执行主体法律、法规、规章。

二是规范性。细则一般与原法令、条例、规定配套使用，属于补充说明或辅助性的规定，自然具有法律、法规、规章的规范性特点。

三是可操作性强。细则规定了有关法律、法规、规章的具体适用标准及执行程序，从而使主体规范性文件具有更强的可操作性。

二、细则的写作要领

细则在结构上与章程、条例、规定和办法一样，一般由标题、正文两个部分构成。正文采用章条式或条款式结构，要说明此细则的制定目的、制定依据、适用范围、执行原则，阐述根据法律、法规、规章的有关条文制定出的具体的执行标准、实施措施、执行程序和奖惩措施，明确解释权和施行时间并对一些未尽事宜进行说明。

细则写作的注意事项有三个。第一，必须实事求是地说明制定细则的条文依据，不能随意增减。第二，必须体现"细"，把有关主体法律、法规、规章具体化、细化。第三，必须讲究逻辑，坚持"上有所依，下有所系"的原则，依据上级机关的有关条规，联系本地区、本系统的实际提出具体的实施细则。

三、细则的范例

范例 1

中华人民共和国反间谍法实施细则

第一章　总则

第一条　根据《中华人民共和国反间谍法》（以下简称《反间谍法》），制定本实施细则。

第二条　国家安全机关负责本细则的实施。

公安、保密行政管理等其他有关部门和军队有关部门按照职责分工，密切配合，加强协调，依法做好有关工作。

第三条 《反间谍法》所称"境外机构、组织"包括境外机构、组织在中华人民共和国境内设立的分支（代表）机构和分支组织；所称"境外个人"包括居住在中华人民共和国境内不具有中华人民共和国国籍的人。

第四条 《反间谍法》所称"间谍组织代理人"，是指受间谍组织或者其成员的指使、委托、资助，进行或者授意、指使他人进行危害中华人民共和国国家安全活动的人。

间谍组织和间谍组织代理人由国务院国家安全主管部门确认。

第五条 《反间谍法》所称"敌对组织"，是指敌视中华人民共和国人民民主专政的政权和社会主义制度，危害国家安全的组织。

敌对组织由国务院国家安全主管部门或者国务院公安部门确认。

第六条 《反间谍法》所称"资助"实施危害中华人民共和国国家安全的间谍行为，是指境内外机构、组织、个人的下列行为：

（一）向实施间谍行为的组织、个人提供经费、场所和物资的；

（二）向组织、个人提供用于实施间谍行为的经费、场所和物资的。

第七条 《反间谍法》所称"勾结"实施危害中华人民共和国国家安全的间谍行为，是指境内外组织、个人的下列行为：

（一）与境外机构、组织、个人共同策划或者进行危害国家安全的间谍活动的；

（二）接受境外机构、组织、个人的资助或者指使，进行危害国家安全的间谍活动的；

（三）与境外机构、组织、个人建立联系，取得支持、帮助，进行危害国家安全的间谍活动的。

第八条　下列行为属于《反间谍法》第三十九条所称"间谍行为以外的其他危害国家安全行为"：

（一）组织、策划、实施分裂国家、破坏国家统一，颠覆国家政权、推翻社会主义制度的；

（二）组织、策划、实施危害国家安全的恐怖活动的；

（三）捏造、歪曲事实，发表、散布危害国家安全的文字或者信息，或者制作、传播、出版危害国家安全的音像制品或者其他出版物的；

（四）利用设立社会团体或者企业事业组织，进行危害国家安全活动的；

（五）利用宗教进行危害国家安全活动的；

（六）组织、利用邪教进行危害国家安全活动的；

（七）制造民族纠纷，煽动民族分裂，危害国家安全的；

（八）境外个人违反有关规定，不听劝阻，擅自会见境内有危害国家安全行为或者有危害国家安全行为重大嫌疑的人员的。

第二章　国家安全机关在反间谍工作中的职权

第九条　境外个人被认为入境后可能进行危害中华人民共和国国家安全活动的，国务院国家安全主管部门可以决定其在一定时期内不得入境。

第十条 对背叛祖国、危害国家安全的犯罪嫌疑人，依据《反间谍法》第八条的规定，国家安全机关可以通缉、追捕。

第十一条 国家安全机关依法执行反间谍工作任务时，有权向有关组织和人员调查询问有关情况。

第十二条 国家安全机关工作人员依法执行反间谍工作任务时，对发现身份不明、有危害国家安全行为的嫌疑人员，可以检查其随带物品。

第十三条 国家安全机关执行反间谍工作紧急任务的车辆，可以配置特别通行标志和警灯、警报器。

第十四条 国家安全机关工作人员依法执行反间谍工作任务的行为，不受其他组织和个人的非法干涉。

国家安全机关工作人员依法执行反间谍工作任务时，应当出示国家安全部侦察证或者其他相应证件。

国家安全机关及其工作人员在工作中，应当严格依法办事，不得超越职权、滥用职权，不得侵犯组织和个人的合法权益。

第三章 公民和组织维护国家安全的义务和权利

第十五条 机关、团体和其他组织对本单位的人员进行维护国家安全的教育，动员、组织本单位的人员防范、制止间谍行为的工作，应当接受国家安全机关的协调和指导。

机关、团体和其他组织不履行《反间谍法》和本细则规定的安全防范义务，未按照要求整改或者未达到整改要求的，国家安全机关可以约谈相关负责人，将约谈情况通报该单位上级主管部门，推动落实防范间谍行为和其他危害国家安全行为的责任。

第十六条 下列情形属于《反间谍法》第七条所称"重大贡献"：

（一）为国家安全机关提供重要线索，发现、破获严重危害国家安全的犯罪案件的；

（二）为国家安全机关提供重要情况，防范、制止严重危害国家安全的行为发生的；

（三）密切配合国家安全机关执行国家安全工作任务，表现突出的；

（四）为维护国家安全，与危害国家安全的犯罪分子进行斗争，表现突出的；

（五）在教育、动员、组织本单位的人员防范、制止危害国家安全行为的工作中，成绩显著的。

第十七条 《反间谍法》第二十四条所称"非法持有属于国家秘密的文件、资料和其他物品"是指：

（一）不应知悉某项国家秘密的人员携带、存放属于该项国家秘密的文件、资料和其他物品的；

（二）可以知悉某项国家秘密的人员，未经办理手续，私自携带、留存属于该项国家秘密的文件、资料和其他物品的。

第十八条 《反间谍法》第二十五条所称"专用间谍器材"，是指进行间谍活动特殊需要的下列器材：

（一）暗藏式窃听、窃照器材；

（二）突发式收发报机、一次性密码本、密写工具；

（三）用于获取情报的电子监听、截收器材；

（四）其他专用间谍器材。

专用间谍器材的确认，由国务院国家安全主管部门负责。

第四章　法律责任

第十九条　实施危害国家安全的行为，由有关部门依法予以处分，国家安全机关也可以予以警告；构成犯罪的，依法追究刑事责任。

第二十条　下列情形属于《反间谍法》第二十七条所称"立功表现"：

（一）揭发、检举危害国家安全的其他犯罪分子，情况属实的；

（二）提供重要线索、证据，使危害国家安全的行为得以发现和制止的；

（三）协助国家安全机关、司法机关捕获其他危害国家安全的犯罪分子的；

（四）对协助国家安全机关维护国家安全有重要作用的其他行为。

"重大立功表现"，是指在前款所列立功表现的范围内对国家安全工作有特别重要作用的。

第二十一条　有证据证明知道他人有间谍行为，或者经国家安全机关明确告知他人有危害国家安全的犯罪行为，在国家安全机关向其调查有关情况、收集有关证据时，拒绝提供的，依照《反间谍法》第二十九条的规定处理。

第二十二条　国家安全机关依法执行反间谍工作任务时，公民和组织依法有义务提供便利条件或者其他协助，拒不提供或者拒不协助，构成故意阻碍国家安全机关依法执行反间谍工作任务的，依照《反间谍法》第三十条的规定处罚。

第二十三条　故意阻碍国家安全机关依法执行反间谍工作任务，造成国家安全机关工作人员人身伤害或者财物损失的，应当依法承担赔偿责任，并由司法机关或者国家安全机关依照《反间谍法》第三十条的规定予以处罚。

第二十四条　对涉嫌间谍行为的人员，国家安全机关可以决定其在一定期限内不得出境。对违反《反间谍法》的境外个人，国务院国家安全主管部门可以决定限期离境或者驱逐出境，并决定其不得入境的期限。被驱逐出境的境外个人，自被驱逐出境之日起10年内不得入境。

第五章　附则

第二十五条　国家安全机关、公安机关依照法律、行政法规和国家有关规定，履行防范、制止和惩治间谍行为以外的其他危害国家安全行为的职责，适用本细则的有关规定。

第二十六条　本细则自公布之日起施行。1994年6月4日国务院发布的《中华人民共和国国家安全法实施细则》同时废止。

此实施细则全面具体，既详细解释了相关概念的内涵及外延，也为《反间谍法》的全面落实提供了具体操作规范与基准。比如，明确了"敌对组织"等名词的含义，规范了国家安全机关在反间谍工作中的职权，明晰了相关法律责任，内容十分翔实。

范例 2

"春城计划"高层次科技人才专项实施细则（试行）

第一章　总则

第一条　为规范和加强昆明市"春城计划"高层次人才、高端外国专家、高层次创新创业团队、科技领军人才（以下简称"'春城计划'高层次科技人才"）四个专项的选拔培养、服务管理工作，根据《中共昆明市委办公厅昆明市人民政府办公厅关于印发"春城计划"高层次人才引进实施办法等五个文件的通知》（昆办发〔2018〕23 号），制定本细则。

第二条至第三条（具体内容略）

第二章　申报条件

第四条　昆明行政区域内具有独立法人资格的高校、科研院所、企事业单位和社会组织是人才引进培养的主体（以下简称"依托单位"），应具备健全的科技研发工作组织管理体系和满足"春城计划"高层次科技人才开展创新工作的基础条件。高层次科技人才应遵守中华人民共和国法律法规及人才类科研项目的各项管理规定，具有良好的科学道德，自觉践行新时代科学家精神。

第五条至第十一条（具体内容略）

第三章　方法程序

第十二条　"春城计划"高层次科技人才专项通过申报、资格审查、评审、审定的程序产生。申请人需围绕新材料、大健康、数字经济、滇池水环境治理等重点领域制订并提交引进、培养工作计划。

第十三条至第十六条（具体内容略）

第四章（具体内容略）

第五章　监督管理

第二十条　加强科研诚信管理，实施全流程诚信承诺制，对严重失信行为纳入科研诚信记录，阶段性或永久性取消具有严重失信行为相关责任主体申请"春城计划"高层次科技人才专项和其他市级科技计划项目（课题）的资格。

第二十一条至第二十二条（具体内容略）

第六章　附则

第二十三条　本细则由市科技局负责解释，自发布之日起施行。2019 年 7 月 18 日起施行的《"春城计划"高层次人才引进工程"春城高层次人才"专项实施细则（试行）》《"春城计划"高层次人才引进工程"春城高端外国专家"专项实施细则（试行）》《"春城计划"高层次人才引进工程"春城高层次创新创业团队"专项实施细则（试行）》《"春城计划"高层次人才培养工程"春城科技领军人才"专项实施细则（试行）》同时废止。

此实施细则由昆明市科学技术局印发，目的是规范和加强昆明市"春城计划"高层次人才、高端外国专家、高层次创新创业团队、科技领军人才四个专项的选拔培养、服务管理工作。全文分6章，共23条，细化、明确了申报条件、方法程序、政策支持等内容，在写作上充分体现了联系本市实际，注重逻辑顺序、一项一事的特点。

第四章
书信类文书写作要领与范例

介绍信

介绍信是机关团体、企事业单位在派人到其他单位联系工作、了解情况或参加各种社会活动时使用的专用信件。

一、介绍信的特点

介绍信具有两个特点。

一是具有证明性。介绍信是证明派出人员的身份和任务的，以便防止假冒。

二是具有时效性。介绍信一般都会列出时日期限，是一种只能在限期内使用的专用文书。

二、介绍信的写作要领

介绍信通常有两种类型：一种是便函式介绍信，根据具体内容使用公用信笺书写；另一种是固定格式的填表式介绍信，使用时填写空白内容即可。

（1）便函式介绍信一般由标题、称谓、正文、结尾、落款、附注六个部分构成。

一是标题。标题直接写文种名"介绍信"。

二是称谓。介绍信的称谓是收信单位名称或个人姓名，姓名后加"同志""先生""女士"等称呼。

三是正文。通常要写清派出人员的姓名、人数、身份、职务、职称等，说明所要联系的工作、接洽的事项等。

四是结尾。结尾是对收信单位或个人的希望、要求等，如"请予接洽为感""请予支持"等，同时写上表示致敬或者祝愿的话，如"此致，敬礼"等。

五是落款。落款应写明派遣单位的名称和出具介绍信的具体日期，并加盖公章。

六是附注。附注要注明介绍信的有效期限，具体天数用大写数字表示。

（2）填表式介绍信有固定的格式，一般由存根、间缝、本文三个部分组成。

一是存根。存根由出具介绍信的单位留存备查，一般由标题、介绍信编号、正文、出具时间等组成。

二是间缝。间缝部分写介绍信编号（应与存根部分的编号一致），需加盖派遣单位的公章。

三是本文。本文部分在标题下再注明介绍信编号，内容基本与便函式介绍信的正文部分相同。

介绍信写作的注意事项有两个：第一，接洽事宜要写得具体、简明；第二，字迹要工整，不能随意涂改。

三、介绍信的范例

介绍信

×××××（收信单位或个人）：

兹有××××（派遣单位名称）派×××同志等×人前往你处办理××××××事宜，请予接洽。

此致

敬礼！

×××××（派遣单位名称并盖章）

××××年×月×日

本介绍信有效期截至××××年×月×日止。

推荐信

推荐信是一个人为推荐另一个人接受某个职位或参与某项工作而写的信件，也特指本科生或硕士研究生到其他（一般是国外）大学研究生院攻读硕士或博士学位时，请老师所写的推荐信。

一、推荐信的特点

推荐信具有两个特点。

一是用于荐举贤能。推荐信是向用人单位介绍、荐举人才，使之可以为用人单位所用、为社会造福。

二是公私兼顾。无论是以单位名义还是以个人名义发出推荐信，向组织或个人推荐人才的行为都有公私兼顾的特点，因为举荐单位或个人都希望自己的举荐可以成功、得到认可。

二、推荐信的分类

根据用途的不同，推荐信可以分为就业推荐信、学术推荐信、性格推荐信、综合推荐信等。根据投发对象的不同，推荐信可以分为目标明确的推荐信和广泛性的推荐信。

三、推荐信的写作要领

推荐信一般由标题、称谓、正文和落款四个部分构成。

一是标题。推荐信的标题一般为文种名，即"推荐信"。如推荐人与收信方较熟，也可以不要标题。

二是称谓。称谓一般写收信方领导的姓名、职务，如"尊敬的××主任"。如推荐人与收信方较熟，也可以采用私人信件的称呼，如"××兄"。

三是正文。推荐信的正文由开头、中段和结尾三个部分构成。开头介绍推荐人的身份，以及同被推荐人之间的关系，同时说明写此信的意图。中段是推荐信的展开部分，根据收信方的需要，介绍被推荐人的学历学位、专业特长、外语水平、业务能力以及其他能力等情况，使对方能通过描述对被推荐人产生好感，从而达到推荐人才的目的。

结尾再次表达希望能办成此事的愿望，恳请给予被推荐人机会，并向对方表示感激、祝福之情，也可附上证明被推荐人业绩和能力的有关材料。

四是落款。通常在正文右下方署上推荐人的单位、职务、姓名，以及成文日期；还可以注明其详细通信地址及联系方式，以备联系之用。

四、推荐信的范例

推荐信

××大学××学院：

×××同学是××科技大学××学院××××级×××专业硕士研究生，作为他的指导老师，通过三年间对他的了解，我非常乐意推荐他报考贵校的博士研究生。

该生在攻读硕士学位期间，学习刻苦，成绩优秀，进一步深化了专业方面的理论学习，具备较为完善的知识结构和较高的理论水平，三年均荣获"×××奖学金"。在科学研究工作中，该生有较强的科学精神、突出的科研能力，参加××××××、×××××××××等多项科学研究课题，均出色地完成了研究任务，撰写了《×××》《×××××××》《××××××××××》等×篇有一定学术价值的学术论文；英语水平达到国家六级，具有较强的听、说、读、译能力。

鉴于该生综合素质高、科研能力强，具有较大的发展潜力和较好的培养前途，且本人有进一步深造的强烈要求，特推荐该生报考贵校的博士研究生。

希望我的推荐对×××同学申请报考贵校有所帮助，如有任何需要请随时联系我。通信地址：××××××××××。联系电话：×××××××××。E-mail：×××××××××。

×× 科技大学 ×× 学院教授 ××

×××× 年 × 月 × 日

此文为学术推荐信，有三个方面值得我们学习与借鉴。第一，推荐人选得好。经过三年时间相处，被推荐人的硕士研究生导师对被推荐人非常了解，他的推荐更让人信服。第二，推荐内容有重点，侧重于推荐其学习能力、科研能力、英语水平，有利于对方对该生产生好感。第三，推荐人信息留得全，既体现真心诚意，也有利于后续进行联系。

慰问信

慰问信是以组织或个人的名义向对方表示关怀、慰问的专用书信。

一、慰问信的特点

慰问信具有两个特点。

一是公开性。慰问信能直接寄给对方，但大多是以张贴、登报或在电台、电视上播放的形式出现。

二是鼓励性。慰问信或通过赞扬表达崇敬之情，或通过同情表达关切之意，从而达成双方的情感交流和相互理解，让人受到鼓舞。

二、慰问信的分类

根据慰问对象和慰问内容的不同，慰问信可分为三种类型：一种是对具有突出贡献的集体或个人表示慰问；一种是对遭受困难的集体或个人表示同情和慰问；还有一种是节日慰问。

三、慰问信的写作要领

慰问信一般由标题、称谓、正文和落款四个部分构成。

一是标题。慰问信的标题有两种：一种为文种名，即"慰问信"；另一种由慰问对象、文种名组成，如"致×××的慰问信"。

二是称谓。称谓写收信方的姓名，用尊称，可以在姓名后加上"先生""女士"。

三是正文。慰问信的正文先写慰问的原因，可写事件的情况，或介绍他人的事迹等，再表达慰问和祝福之意。

四是落款。落款应署上单位名称或个人姓名，以及成文日期。

慰问信的写作，一定要做到感情真挚、语言亲切，根据不同的对象、不同的情况，表达真挚的、自然的、真切的慰问之情，达到真正打动人心、给人安慰和鼓励的目的。

四、慰问信的范例

致邹韬奋夫人沈粹缜的慰问信

粹缜先生：

在抗战胜利的欢呼声中，想起毕生为民族的自由解放而奋斗的韬奋先生已经不能和我们同享欢喜，我们不能不感到无限的痛苦。您所感到的痛苦自然是更加深切的了。我们知道，韬奋先生生前尽瘁国事，不治生产，由于您的协助和鼓励，才使他能够无所顾虑地为他的事业而努力。现在，他一生光辉的努力已经开始获得报偿了。在他的笔底，培育了中国人民的觉醒和团结，促成了现在中国人民的胜利，中国人民一定要继续努力，为实现韬奋先生全心向往的和平、团结、民主的新中国而奋斗不懈。韬奋先生的功业在中国人民心目中永垂不朽，他的名字将永远是引导中国人民前进的旗帜。想到这些，您，最亲切地了解韬奋先生的人，一定也会在苦痛中感到安慰的吧！您的孩子——嘉骊，在延安过得很好，他的品格和勤学，都使他能无负于他的父亲，这也一定是可以使您欣慰的事吧！向您致衷心的慰问，并祝您和您的孩子们健康！

周恩来　启

卅四年九月十二日

周恩来同志在 1945 年 9 月 12 日写给邹韬奋夫人沈粹缜的慰问信，

篇幅虽简短，表达的感情却极为真挚，既缅怀了韬奋先生为革命事业所做的贡献，又对粹缜先生的付出表达了谢意，并提及其孩子的现状，设身处地，娓娓道来，让人感到希望和鼓励。

表扬信

表扬信是用于颂扬个人或集体的先进事迹的专用书信。

一、表扬信的特点

表扬信具有三个特点。

一是真实性。表扬信所叙述的时间、地点、人物、事件、原因、结果等要素都与实际相吻合，所评价的内容准确恰当，也是符合真实情况的。

二是及时性。表扬信的制作和发布要迅速及时，其在特定范围内产生的效果与新闻报道产生的效果是类似的。

三是宣传性。表扬信是对精神文明现象的宣传和表彰，不仅能肯定当事人，使其受到表彰、奖励，而且能积极影响广大民众，使文明现象蔚然成风。

二、表扬信的分类

根据表扬双方关系的不同，表扬信可以分为上级对下级进行表扬的表扬信、团体对团体或个人进行表扬的表扬信、群众之间进行表扬的表扬信。根据表扬者身份的不同，表扬信可以分为内部表扬信、外部表扬信。

三、表扬信的写作要领

表扬信一般由标题、称谓、正文和落款四个部分构成。

一是标题。表扬信的标题一般为文种名，即"表扬信"。

二是称谓。寄送给被表扬者单位的表扬信，称谓要写单位名称，也可以将表扬信寄送给单位领导，此时称谓写"××单位领导""××学校校长"等。若是写给被表扬者本人的，可以用"××先生""××女士""××同学""××警官"等称呼。

三是正文。表扬信的正文一般先叙述被表扬者的先进事迹，再对被表扬者事迹的性质、意义、价值进行肯定和评价，最后表明自己如何向其学习并提出希望，建议被表扬者的单位给予其表彰，并号召其他人员向被表扬者学习。

四是落款。落款应署上单位名称或个人姓名，以及成文日期。

表扬信写作的注意事项有三个。第一，叙事要实事求是，对被表扬者事迹的叙述一定要准确无误，既不夸大，也不缩小。第二，评价要恰如其分，通过动人的事迹反映出被表扬者的可贵品质，做到见人、见事、见精神。第三，语气要热情恳切，文字要朴素精练，内容要短小精悍。

四、表扬信的范例

表扬信

中国人民公安大学党委：

"伟大胜利，历史贡献"主题展览首都大学生专场于 9 月 19

日在中国人民抗日战争纪念馆顺利举行。此次活动筹备工作时间紧、任务重，贵校50余名师生在接到协助筹备活动的任务后，迅速反应、马上行动，为活动的完满完成做出了重要贡献。

此次活动的圆满成功，凝聚着贵校师生的智慧和力量。学生工作处×××老师接到任务后，在自身工作繁重的情况下，积极协调、迅速落实、立即动员，表现出了出色的组织协调能力、忘我的敬业精神和熟练的业务技能；×××、×××等同学加班加点进行文稿写作和彩排预演，确保了正式活动的顺利进行；××、×××等学生干部充分发挥了公安大学学生在指挥方面的优势，负责在现场协调和引导首都其他高校的学生方队，确保了活动现场井然有序、万无一失。贵校全体学生严整的队列、嘹亮的歌声展示了公安大学学生忠诚可靠、纪律严明的优良作风，代表了首都大学生阳光向上的青春正能量，在当日给各界群众留下了深刻印象。

活动经《北京日报》、北京电视台、北京人民广播电台、《新京报》、《新华时报》、《北京青年报》、《北京晚报》、千龙网等媒体报道后，在社会上形成了良好反响，为中央和北京市纪念抗日战争暨世界反法西斯战争胜利70周年系列纪念活动做出了贡献。

再次感谢贵校师生对我们工作的配合，希望贵校能够继续发扬"召之即来，来之能战，战之能胜"的执行力和战斗力，共创首都高校大学生思想政治教育工作的新局面。

中共北京市委教育工作委员会宣教处

2015 年 10 月 9 日

此文是单位致单位的表扬信，既对中国人民公安大学给予的工作支持表示感谢，又对具体人员的具体事例进行叙述和表扬，以点面结合的叙事方式，加上恰到好处的评价，让表扬信成为两个单位间传递信息、交流感情的媒介，值得我们学习与借鉴。

感谢信

感谢信是对支援、帮助、关心过自己的集体或个人表示感谢的专用书信。

一、感谢信的特点

感谢信具有三个特点。

一是公开感谢和表扬。感谢信主要是为了表达感谢，兼有对对方行为和事迹的表扬，多让公众知晓，以弘扬社会正能量。

二是感情真挚。个人或集体写感谢信多是因为在困难时得到了对方的鼎力相助，从而渡过难关、走出困境，所以撰写感谢信要表达真挚的感激之情。

三是表达方式多样。感谢信可以直接寄送给对方或对方所在单位，也可以张贴在对方单位内或所在地的公共场所，或者在大会上宣读，还可以交由报纸、电台、电视台或网络进行刊载。

二、感谢信的分类

根据感谢对象的不同，感谢信可以分为给集体的感谢信、给个人的感谢信。根据感谢形式的不同，感谢信可以分为公开的感谢信、寄送的感谢信。

三、感谢信的写作要领

感谢信与表扬信都是对别人的某种行为进行肯定与表扬，但是侧重点有所不同。表扬信侧重于表扬对方做了什么好事，而感谢信侧重于表达对对方给予帮助的感谢之情，一般由当事人亲自撰写。

感谢信一般由标题、称谓、正文和落款四个部分构成。

一是标题。感谢信的标题通常有三种：一种为文种名，即直接写"感谢信"；一种由感谢对象、文种名构成，如"致×××的感谢信"；还有一种由感谢双方、文种名组成，如"××市委、市政府致××医院的感谢信"。

二是称谓。写给机关、单位、团体的感谢信，称谓直接写机构名称；写给个人的感谢信，可在姓名后加"同志""先生""女士"等称呼。

三是正文。感谢信的正文一般先概述感谢的理由，表达谢意；再具体叙述对方的先进事迹，务必交代清楚人物、事件、时间、地点、原因和结果，尤其要重点叙述关键时刻对方给予了哪些关心、支持、帮助以及产生的效果；然后在叙述事实的基础上指出对方行为的重要性以及体现出的可贵精神，同时表示向对方学习的态度和决心；最后表示敬意、感谢和祝福。

四是落款。落款应署上单位名称或个人姓名，以及成文日期。

感谢信写作的注意事项有三个。第一，叙述要准确无误，一定要把人物、事件、时间、地点、原因和结果等叙述清楚。第二，行文要情真意切，始终饱含着感情，在叙述事实时充分表达内心感受，恰当使用赞美之词，使所有看到信的人都受到感染、教育或激励。第三，表达要精练得体，遣词造句要符合双方的身份和实际情况，篇幅不可太长，点到为止。

四、感谢信的范例

致全市志愿者的感谢信

这个秋天，志愿红成为哈尔滨大街小巷最亮丽的一抹色彩。

疫情来袭，广大志愿者挺身而出，快速集结，冲在了疫情防控的第一线——你们，将执着与勇气化为防护服下的坚毅果敢，踊跃参与卡点执勤、卫生消毒、物资配送、文明劝导、便民服务，积极帮助困难家庭、空巢老人、残障人士等弱势群体解决实际困难……用行动守护这座城市的平安与静好，在抗疫一线绽放出最美的"志愿红"。你们，用臂膀扛起责任重担，把初心使命写在抗疫一线，为打赢疫情防控阻击战、歼灭战贡献了志愿力量。

你们的名字，亲切而闪亮；你们的笑容，真诚而善良；你们的胸怀，火热而宽广。在此，市文明办向冰城所有无私奉献的志愿者致敬，向你们道一声感谢：大家辛苦了。

目前，我市疫情形势仍然严峻。希望广大志愿者们在做好自身安全防护的同时，坚守岗位、再接再厉，以不畏艰险、奋勇争先的实际行动筑牢疫情防控防线，诠释志愿精神，书写新时代的"志愿英雄故事"。

有一双手就出一份力，有一束光就发一分热。希望广大市民积极加入志愿服务队伍，发扬志愿服务精神，积极有序投身疫情防控主战场，协助所在社区、村镇工作人员，做好人员核酸检测、进出登记、体温测量、防疫宣传、秩序维护、生活保障等志愿服务工作，为我市夺取疫情防控斗争胜利做出贡献。

我们坚信，在党和政府的坚强领导下，在全市人民的共同努力下，在广大志愿者的无私奉献下，这场战"疫"，我们一定会赢！

值此国庆节来临之际，祝大家节日快乐。

哈尔滨市文明办

2021 年 9 月 27 日

此文是单位写给志愿者群体的感谢信，有两个方面值得我们学习借鉴。一是文笔巧妙。感谢信以"这个秋天，志愿红成为哈尔滨大街小巷最亮丽的一抹色彩"作为开头语，引人入胜，然后对志愿者们在抗疫一线绽放出最美的志愿红进行描写和赞扬，并通过排比句表达敬意，具有很强的可读性。二是感染力和号召性强。感谢信通过生动的语言让读者对疫情防控一线的志愿者充满敬意，同时鼓舞志愿者在做好安全防护的同时，书写新时代的"志愿英雄故事"，号召市民向志愿者学习，为夺取疫情防控斗争胜利做出贡献，对打赢这场战"疫"充满信心。

证明信

　　证明信是以行政机关、社会团体、企事业单位或个人的名义，凭借确凿的证据证明某人的身份、经历或某件事情的真实情况时所使用的一种专用书信，又被称为"证明"或"证明书"。

一、证明信的特点

　　证明信具有两个特点。

　　一是具有凭证的作用。证明信的作用贵在证明，是持有者用以证明自己身份、经历或某事的真实性的一种凭证，所以证明信的显著特点就是具有凭证的作用。

　　二是具有书信体的格式特点。尽管证明信的形式多样，但是其写法与书信的写法基本一致，多采用书信体的格式。

二、证明信的分类

　　根据形式的不同，证明信可以分为公文式证明信、书信式证明信、便条式证明信。根据用途的不同，证明信可以分为证明某人身份的证明信、证明某人某一时期工作经历的证明信、证明某件事情真实性的证明信等。根据开具证明人的不同，证明信可以分为以组织的名义所发的证明信、以个人的名义所发的证明信。根据起因的不同，证明信可以分为主动发往对方的证明信、被动回复对方来信询问的证明信。

三、证明信的写作要领

证明信在结构上与介绍信相似，一般由标题、称谓、正文、结尾、落款五个部分构成，不需要注明有效期限，但部分证明信应该存根备查。

一是标题。标题直接写文种名"证明信"或"证明"。

二是称谓。称谓写收信单位名称或个人姓名。

三是正文。撰写正文要根据实际情况写清楚所证明人的姓名、身份及所联系或办理的事项等。

四是结尾。结尾一般写"特此证明"。

五是落款。落款包含证明制发机关名称和证明开出的具体日期，并加盖公章；有存根的证明信须在两联中间加盖公章。

证明信写作的注意事项有三个。第一，态度必须严肃认真，要实事求是、言之有据，不能信口开河。第二，语言要简洁，用词要准确，避免产生歧义。第三，书写要工整，如有涂改，必须在涂改处加盖公章。

四、证明信的范例

证明信

×××大学：

×××同志（身份证号码：××××××××××××××××××××）于××××年×月至××××年×月在我院工作，

曾任××××××。该同志工作认真负责，科研能力突出，能以身作则、团结同志，××××年、××××年×次被评为我院先进工作者。

特此证明。

××学院（盖章）

××××年×月×日

公开信

公开信是机关、团体、企事业单位或个人公开向社会发布内容重大或涉及重大问题的公开信函。

一、公开信的特点

公开信具有两个特点。

一是公开性。公开信无论是写给某个特定群体的，还是写给单位或个人的，其突出的特征就是内容重要、行文公开，可以通过各种新闻媒体进行传播。

二是具有思想教育意义。公开信的内容可以引导人们学习榜样，树立正确的三观，一般都具有普遍的思想教育意义。

二、公开信的分类

根据所使用场合的不同，公开信可以分为三种。

第一种是在发生重大事件、举行纪念活动、庆祝传统节日或其他必要的情况下，给有关单位、集体或个人发出的公开信，有问候、表扬或鼓励的作用。

第二种是针对某一问题发给有关对象的公开信，或批评，或表扬，或建议，或澄清事实，其目的都是弘扬正气。

第三种是发给私人的公开信，发这类信一般是在不知道对方信息的前提下，只能通过新闻媒体公开发布。

三、公开信的写作要领

公开信一般由标题、称谓、正文和落款四个部分构成。

一是标题。公开信的标题有三种形式：一种由发文双方名称、发文原因、文种名组成，如"×× 关于 ××× 给 ××× 的公开信"；一种由发文原因、文种名组成，如"关于 ××× 的公开信"；还有一种由收信人、文种名组成，如"致 ××× 的公开信"。

二是称谓。称谓要写单位名称或个人姓名。

三是正文。第一种公开信的正文，通常在开头表达关怀、问候和祝愿，然后真情实意地赞颂收信人的品德、成绩、贡献及影响，再提出勉励、希望和要求，结尾以饱满热烈的感情发出号召，并再次表示敬意和真挚的祝福。第二种公开信的正文，先说明发文原因，然后针对某一具体问题展开叙述，阐明发文者对该问题的真实态度，或提倡赞扬，或批评反对，或提出某种看法主张，再提出希望或解决问题的意见，结尾可对提倡赞扬的事件表示敬意或祝愿，对批评反对的事件再次强调希望和意见。

四是落款。落款应署上单位名称或个人姓名，以及成文日期。

四、公开信的范例

致全国球迷的公开信

全国各地球迷、中超球队最可爱的第 12 人：

见字如面，别来无恙。告别熟悉而热闹的赛场，熬过陌生冬季的漫长。我们曾经迷茫，我们有过彷徨。但是——足球从来没有让我们失望，即使是疫情也无法把我们阻挡。237 天的等待，中超终于回来了！唤燃"亿心"的火焰，再次照亮新赛季的曙光。

还记得 TIFO 下面，我们骄傲的脸庞；还记得进球后，不会停歇的人浪；还记得烈日当头，我们焦急地紧缩了眉头；还记得大雨滂沱，我们任泪水模糊了目光；还记得自己的球队在哪儿战斗，远征军的呐喊就在哪儿回荡。更记得我们坐在客队看台，总有人笑着为我们送水，为我们帮忙。这是球迷间的友情，这是我们的火热的衷肠。

2020 年中超赛场，与往年一样，也很不一样。唤燃亿心我们心潮激荡，面对疫情我们做好护防。场是空的，我们的心写满诗章；球在飞舞，我们的旗照样飘扬。直播平台，有我们在热血相助；不在现场，我们也像站在彼此身旁。

让我们站在云端，与球队并肩战斗，弹幕留言是我们心灵的碰撞。不远征，不聚集，不围观。我们远隔千山万水，也仿佛欢聚一堂。我们热爱足球，我们珍重健康。我们的心依然火热，我们的情不会荒凉。我们相信——足球一定会带给我们希望，新冠肺炎疫情也终将走向灭亡！

大连市足球球迷协会

2020 年 7 月 23 日

2020 中超联赛即将开幕之际，大连市足球球迷协会向全国球迷发出这封公开信，述说了球迷们对这次漫长等待的感慨，回忆了各地球迷组织相互交流的时光，紧接着表达对这一届中超联赛的感想；最后深情呼吁全国各地的球迷、中超球队最可爱的第 12 人用特殊方式为球队加油，为中超喝彩。全文最大的特点是语言俏皮押韵，读来朗朗上口，充满浓烈的感情色彩。

律师函

律师函是指律师事务所基于委托人的委托，指派律师针对特定法律事务，根据委托人陈述或提供的材料，结合法律向第三方进行披露和分析，旨在要求第三方通知相关事项，获得相关信息，或旨在引起一定法律效果的专业法律文书。

一、律师函的特点

律师函具有五个特点。

一是行文关系单一。律师函主要用于向委托人指向的人依法表达法律诉求。

二是应用领域广泛。律师函基本可以在一切法律业务中使用，应用领域非常广泛，从诉讼到非诉讼领域，从民事到商事领域等均有涉及。

三是精悍灵活。律师函篇幅短小灵活，但依据法律提出的威胁性要求使其具备精悍的特征。

四是受托发函。律师函以律师的口吻代表委托人向其指向的人表达其意志。

五是表征法威。律师是人们眼中的法律专家，发出律师函就是给委托人的意志赋予了强烈的法律救济色彩，意味着对方将卷入法律纠纷。

二、律师函的分类

根据功能的不同，律师函可以分为四种：律师催告（敦促）函，这是当前最常使用的一种，将委托人的意志告知收函人，催促收函人做什么或不做什么；律师询问函，主要用于了解、询问有关法律事项；律师答复函，是对特定的质询委托律师来答复的函；其他律师函。

三、律师函的写作要领

就下列情况，可接受委托人的委托签发律师函：一是要求第三方向要委托人履行金钱给付义务或交付财产；二是要求第三方向委托人为或不为一定行为；三是通知第三方解除合同或改变原法律状态；四是律师事务所认定的其他合理情形。

撰写律师函，应当坚持以事实为依据、以法律为准绳的原则，客观表达法律意见，审慎运用法律语言。撰写律师函前，首先应当明确签发律师函的目的。然后应对委托人主张的请求以及提供的材料进行事实审查，并在律师函中明确所述事实系"根据委托人向本所提供的事实及证据"。若委托人未提供证据材料或其提供的证据材料与其所述事实不符的，应在律师函中明确所述事实系"根据委托人向本所提供的事实"及"以上事实正在进一步调查取证中"。

律师函一般由首部、正文和尾部三个部分构成。

一是首部。律师函的首部包括标题、函号和送达对象。完整、规范的律师函标题一般由发函律师事务所的全称、主题、文种名组成，如"×××律师事务所关于×××公司立即支付工程款返还保证金的律师函"；也可以将文种名居中作为主标题，另起一行写清发函律师事务所全称、发函主题，如"××律师事务所关于×××的严正声明"。律师函的函号应既显示专业，又便于查阅和管理。函号由年号、发函律师事务所所在行政区划简称、发函律师事务所简称、文种名简称、字第××号构成，如"（2021）京×律函字第16号"。送达对象即接受律师函的单位或个人等主体，单位需写全称，个人姓名后可加上"先生""女士"等尊称。

二是正文。律师函的正文主要包括委托声明、事实简述、法律评论和律师意见。委托声明主要是向收函人表明律师向其出具律师函的合法授权来源，以及委托人的委托事项，即委托人想让收函人做什么或不做什么；事实简述部分是根据委托人提交的证据材料及其陈述，有组织、有逻辑性地对案件事实进行叙述；法律评论是根据法律或合同条款明确指出对方行为违法或违约的地方，依法服人，让对方相信律师的分析是对的；律师意见是律师以专业语气告知对方，要求其在规定期限内完成规定事项，否则将承担不利后果。正文最后需写上"特此函告"。

三是尾部。律师函的尾部包括律师函的寄送方式、附件、落款和联系方式。律师函最好用中国邮政特快专递 EMS 寄送，以确保对方能收到函件，且中国邮政还可以出具对方签收的证明。律师函要明确表明寄送方式，规范表述一般为"本律师函以特快专递的方式送达"。律师函的附件一般包括授权委托书、委托人提供的证据材料、法条、判决书等。律师函的落款具体包括律师事务所的名称、发函律师姓名（实习律师、律师助理等均不得署名）和成函时间，且需加盖律师事务所公章，以证明律师发函的合法性。律师函的联系方式包括发函律师的联系方式及委托人的联系方式，以方便对方与我方取得联系。

律师函写作的注意事项是，行文风格和用语要考虑对方的特点：如果对方是普通人，应当通俗易懂；如果对方是法人和社团组织，可以正规一些；如果对方是专业人士，则应该使用法言法语。

四、律师函的范例

律师函
《商品房买卖合同》（合同编号：××××）

北京 ×× 律师事务所关于解除合同通知书

（2021）京 ×× 律函字第 001 号

×× 有限公司：

北京 ×× 律师事务所接受 ×× 女士（以下简称"委托人"）的委

托，指派××律师处理你司与委托人×××相关事宜并依法出具本函，现本律师依据委托人提供的有效信息和相关资料，向您郑重致函如下：

一、基本事实

你司于××××年×月×日与委托人签订编号为××××的《商品房买卖合同》，合同约定由你司将位于××××的"×号楼×单元×层×号"房屋出售给委托人，该房屋价格为××万元。合同签订时即对双方履行合同的权利义务作明确约定。合同签订后委托人依约履行了己方义务，并向你司付清全部购房款。按合同约定，你司应按照合同第××条约定于××××年×月×日前将该房屋交付委托人，但你司至今仍未按合同约定履行交房义务，已经违约。

二、解除合同通知

为解决上述事宜，委托人多次与你司委托代理人交涉但均因×××，未能得到明确答复。鉴于你司逾期交房已超过××日，委托人根据合同第××条的约定有权解除本合同。

现特通知你司，自本律师函暨合同解除通知书到达你司时，编号为××××的《商品房买卖合同》解除。

三、合同解除后相关事宜的办理

请你司于收到本函后××日内，主动与本律师或委托人取得联系，表明此事解决态度；并在收到本函后××日内，安排人员、携带必要材料，配合委托人完成办理合同备案解除手续；同时，于合同备案解除之日起××日内退还委托人已付全部购房款，并按照已付全部购房款的××%向委托人支付违约金。

四、相关事项提示

若你司未按照上述要求，及时办理合同备案解除手续和退还委托人全部购房款、支付违约金，则委托人将自行或依法授权本律师采取如下措施。

1. 向各级或本项目直管的房地产管理局（不动产登记和交易中心）、住房和城乡建设委员会等相关行政机构的职权部门依法进行举报、投诉、揭发。

2. 利用合法公共媒体、自媒体平台，客观、真实地对本事件及你司违约情况进行阐述。

3. 依法启动诉讼程序，主张除上述已经阐明的全额购房款、违约金，以及因你司未及时配合办理合同备案解除手续造成的资金占用损失、利息及其他损失和费用；同时，在诉讼过程中，将采取诉讼保全措施，冻结你司相关账户和资金。

上述措施的实施，不分先后。届时，可能给你司造成商誉影响或给重大项目招投标、企业信用评级、融资授信审核等事宜造成不利后果。

委托人和本律师均不希望上述情况发生。为了避免给你司造成不利的法律后果，望审慎对待，以免讼累！

特此函告！

经办律师：××

电话：××××××××

地址：北京市海淀区×××××××

邮编：××××××

传真：010-××××××××

你司亦可与××本人取得联系，按照本函要求解决此事。

北京××律师事务所（加盖公章）

××　律师

××××年×月×日

（本律师函以中国邮政特快专递 EMS 的方式送达）

此律师函有两点值得我们学习与借鉴。一是文本格式非常规范，标题分三行显示，既美观又突出主旨，显得明确具体；律师函各项要素一应俱全，非常完整，合乎规范。二是事实阐述简明扼要，相关事宜提示部分从法律责任角度、商业利益角度、商业信用角度等方面进行全方位、多角度的表达，内容尽显专业精神。

第五章
总结类文书写作要领与范例

工作总结

工作总结是对一定阶段内已经做过的全面或专项工作进行理性、系统的回顾梳理、分析研究、总结提升时所使用的文种，撰写工作总结的目的是总结经验和教训，以改进今后的工作。

一、工作总结的特点

工作总结主要有三个特点。

一是自我性。工作总结是主体自身进行工作实践的产物。它以总结自身工作实践中的经验教训为目的，以回顾自身工作情况为基本内容，以自身工作实践的事实为材料，其所总结出来的理性认识也应该反映自身工作实践的规律。所以内容的自我性是工作总结的本质特点，在撰写工作总结时在表述上应用第一人称。

二是概括性。工作总结不是工作实践活动的记录，不是记流水账，不能完全照搬工作实践活动的全过程。它是对工作实践活动的概括，要在工作实践活动全过程的基础上进行梳理、提炼、归纳。

三是启发性。一篇工作总结给人的启发越大，它的作用就越大，价值也就越高。工作总结是否具有启发性，关键在于其能不能提出深刻而普遍适用的见解，揭示某些规律性的东西，把感性认识上升到理性认识，这也是工作总结的价值所在。

二、工作总结的写法

要写好工作总结，应该持有正确的态度。

首先，要有实事求是的态度。如实地、一分为二地分析、评价自己的工作，对成绩不要夸大，对问题不要轻描淡写。

其次，要有理性认识的态度。写工作总结时要抓主要矛盾，进行深入细致的分析，由感性认识上升到理性认识。

最后，要有面向未来的态度。没有总结就没有进步，通过总结可以全面地对成绩与教训、长处与不足、困难与机遇进行客观评判，为下一步工作理清思路、明确目标、制定措施、提供参考和保障。

工作总结想要写出新意，就要学会从不同的角度进行总结，主要有以下几个角度。

一是根据工作职能进行总结。这是一种常见的总结角度。

二是根据工作思路进行总结。如果工作思路与众不同或有创新之处，可以围绕工作思路来总结。

三是根据工作特色进行总结。要有一双善于发现的眼睛，能从大量的资料中挖掘出闪光点。

四是根据采取的工作措施进行总结。

五是根据开展工作的时间进行总结。这种方法一般用于对专项工作进行总结。

六是根据"关键词"进行总结。

七是根据参与主体进行总结。

八是根据解决的问题进行总结。

三、工作总结的结构

工作总结一般由标题、正文和尾部三部分组成。

（一）标题

工作总结的标题形式一般有两类：一类是公文式标题；另一类是非公文式标题。公文式标题由单位名称、时间、事由、文种组成，如"××集团公司 2015 年度思想政治工作总结"。有的工作总结则直接将"工作总结"作为标题等。

（二）正文

正文由前言、主体、结尾组成。

（1）前言就是正文的开头，需简明扼要地概述基本情况，交代背景，做必要的铺垫。

（2）主体是工作总结的核心部分，其内容包括做法和体会、成绩和问题、经验和教训、下一步计划等。主体在全面回顾工作情况的基础上，还可以适当分析取得成绩的原因、条件、做法，以及问题的根源和汲取教训，揭示工作中有规律的东西，提出今后的工作目标和计划。

（3）结尾概述全文，可以说明自身的经验，也可以提出今后努力的方向或改进的意见。

（三）尾部

尾部包括署名和时间两部分内容。

工作总结一般包括工作业绩、工作亮点、困难和问题、下一步工作安排四部分内容。工作业绩部分要简明扼要，重点说明主要业绩指标和重要工作完成情况。工作亮点部分的总结、分析要到位，特别是工作中的具体做法、成果、影响、启示。困难和问题部分要准确概括，特别是要找到出现问题的深层次原因，找到制约工作发展的根源所在，并且要区分主观和客观两个方面。下一步工作安排部分要纵观全局，提出的措施要具体到位，并且要注意具有可操作性，以便为今后工作的开展提供有效指导。

四、工作总结写作的注意事项

工作总结写作的注意事项如下。第一，引言要短，不要官话、套话、废话，尽快进入主题。第二，总结既要全还要精。业绩要尽量写全，亮点一定要认真写，但不能写很多条，多了就不是特点了，别人也不容易记住。第三，不足要准。问题、不足一定要找准找对、写深写透，但不足的条数也不能太多，不能超过业绩的条数。第四，改进要实。针对问题和不足，以及下一步该怎么办，要有具体的办法、措施和步骤。

五、工作总结的范例

让新闻现场激荡历史回声

（卢新宁　人民日报副总编辑）

奔涌的时间长河里，3年不过是白驹过隙。但"一带一路"提出至今的3年多时光，却在中国与世界留下了不同寻常的印迹，也为媒体人提供了丰富的新闻宝藏。

今天的"一带一路"，已经不再只是一句倡议，也不再只是一张蓝图，而是从概念到行动、从理念到实践、从共识到成果不断推进。我们的报道，有了更多鲜活的素材、更多切身的体验、更多阶段性成绩。可以说，"一带一路"主题宣传，迎来了一个从宣示理念到展示成就、从阐释思想到检验成果的节点。

"被行动证明的语言是最有力的语言。"这句古老的阿拉伯谚语，也道出了媒体传播被赋予的使命：如何用我们的报道，呈现这3年多不平凡的实践？《人民日报》的回答是，力求在新闻现场激荡历史与现实的交响，以人物故事展现中国与世界的合奏，赓续"丝路精神"、讲述"丝路故事"。

一、抓现场，在新闻的原点、重点与热点，见证"一带一路"蓝图的铺展……

二、讲故事，以交往故事、发展故事、幸福故事，讲述"一带一路"中国倡议的落地……

三、重传播，以一次采集、多种生成、多元传播，彰显主流媒体的影响力……

今天，《人民日报》已经不再只是一份日报，"两微一端"已经成为人民日报报道"输出"的一个新的重要平台，这给我们提出了一个新的挑战：对外传播，必须遵循新媒体传播规律。

在"一带一路"的报道中，我们也贯穿了"一次采集、多种生成、多元传播"的原则，对记者提出明确要求，要写出三类报道：同一主题，既要写报纸版，也要写新媒体版，还要提供视频版。三个"版本"都需要秉持同一价值观，具有"人民范儿"，但根据媒介的不同、平台的不同、受众的不同，按新闻规律来处理。

一个最突出的例子，是根据不同的平台，制作不同的新闻标题。人民日报见报稿标题为《"中国就是哈萨克斯坦的大海"》，而在新媒体上，则用了《哈萨克斯坦农民犯愁的事，习近平主席在帮着操心》；报纸版标题《别开生面的云端讨论》，新媒体上则是《省委书记乘机偶遇 CEO，把"一带一路"聊到了空中》；报纸标题《"做梦都想把中国农技园搬到图尔根"》，新媒体上标题为《吃货的福音，中哈还要打造"舌尖上的'一带一路'"》；报纸标题为《"'一带一路'，让白俄罗斯圆了轿车梦"》，新媒体上标题为《厉害了！中国车企治好了总统"心病"》。从传播效果看，新媒体上的阅读量、转发量相当可观，《省委书记乘机偶遇CEO》一文，在人民日报客户端上线 22 个小时后，阅读量就破百万人次，其他媒体也纷纷主动转发。《哈萨克斯坦农民犯愁的事，习近平主席在帮着操心》一文，同样引起了高转发量和评论量。

除了文章创新外，我们还提出，要顺应传播规律，将文字报道与图片、视频结合起来。通过制作短视频，在网络上同步推广。这些"动起来的新闻"，也形成了报道的组合拳，丰富了报道的多样性，满足了不同读者的需求。

与此同时，我们还借船出海，通过海外社交媒体，主动把一些文章译成英文向国外推送。同时，考虑到沿线国家很多是非英语国家，利用人民网的外语频道、环球时报的翻译平台，翻译成多个语种，主动推送。

习近平主席在致《人民日报》主办的"一带一路"媒体合作论坛的贺信中明确指出："媒体在信息传播、增进互信、凝聚共识等方面发挥着不可替代的重要作用。""一带一路"倡议是一个长远的、伟大的国际性构想，在这一构想落地生根之时，我们有条件、也有责任讲好"一带一路"故事，为世界发展注入强大正能量。

这篇总结是一项大的工作结束后的专题总结，它有几个方面的特点值得学习借鉴。第一，标题醒目，大标题有气势，小标题新颖、工整、明确。第二，逻辑清晰，层层递进，文章三大块按时间逻辑推进，抓现场是讲先搜集素材，讲故事是说要表现好素材，重传播则是发挥好素材的作用，逻辑严谨，层次清晰，每个部分内部也是条理分明，合理有序。第三，内容充实，一眼看去全是例子，一篇总结用了多个例子。第四，提炼精到，不但例子多，观点的提炼也到位，且金句不断。

经验材料

经验材料是指党政军机关、群众团体、企事业单位为了表彰先进、传播事迹、交流和推广各种经验所写的文字材料，是党政军机关应用材料写作中使用频率较高的一种总结类文书。经验材料常用于大会发言、表彰评比、宣传经验。经验材料的写作属于应用写作范畴。

一、经验材料的特点

一是典型性。经验材料源于现实生活，它是在分析、研究现实生活的基础上总结出来的经验教训，可帮助他人减少工作失误。

二是朴实性。经验材料需用平实、质朴、简洁的语言叙述事实，不需要使用十分华丽的辞藻。

二、经验材料的结构

经验材料由标题、导语、主体、结尾等部分组成。

（一）标题

标题分为单行标题和双行标题。

单行标题又可分为直叙式、对称式、提问式。直叙式标题直接表明主题、概括内容，如"依据法规制度做好思想政治工作"；对称式标题用对称的句子表明主题、概括内容，如"校正视角看战士 与时俱进育人才"；提问式标题用提问的形式表明主题、概括内容，如"我们是如何做好科级干部竞争上岗工作的"。

双行标题由主标题和副标题组成，如"'神州第一县'的经济腾飞之谜——××县领导发展乡镇经济的成功实践"。单位向上推荐、呈报或上报供转发的经验材料多使用双行标题。

（二）导语

导语一般包括三个方面的内容。一是有关单位或个人的基本情况。二是对所介绍的经验进行的高度提炼。三是有关单位或个人获得的成绩、荣誉。

（三）主体

主体是对开头概括的经验的展开描述，是经验材料的主要部分。这一部分一般包括做法、成效和体会等内容。

（四）结尾

经验材料的结尾可有可无。结尾需对典型经验进行概括，以加深人们的印象。经验材料的结尾大体有三种不同的写法，即辩证型、体会型和启示型。用于口头介绍的经验材料一般要有结尾，结尾主要用于表达对今后的展望和决心。经验材料的结尾要简短、有力。

三、经验材料的写作要求

总结先进经验、写好经验材料，是从事宣传工作和办公室综合工作的人员的一项重要任务。写好经验材料是展现单位和个人水平的一种重要手段，写好经验材料，是对文字工作者的思维能力和工作能力的挑战。经验材料的写作可从以下四个方面入手。

（一）对经验材料本身要有正确的理解

所谓经验，就是曾经使用过并被时间和实践证实具有使用价值和良好指导作用的做法或规律，经验材料则是将其写成文字的汇报材料。

广义的经验分为两种：成功的经验、失败的经验。从另一个角度来看，经验又分为过程经验（阶段性经验）和结果经验（终端经验）。当一项工作需要持续较长的时间才能完成时，经验就必须分阶段加以推广和验证。若采用某种做法在某一时间段取得了一定的成果，那么这种做法就叫阶段性经验；在工作完成时，对整个过程加以总结，对其所创造的阶段性经验进行提炼和升华，就得到了终端经验。

（二）对经验材料的作用要有充分的认识

对于经验材料写作，要知其然，更要知其所以然，也就是说，既要深知经验材料"是什么"，也要弄明白"为什么"要写经验材料。经验材料有以下三个方面的作用。

一是经验材料十分珍贵。经验是无数人辛苦奋斗的结晶，也是长时间积累和完善的结果，更是通过无数次实践检验得出的真谛。经验来之不易，它是不少人发现、总结、提炼、推广的结果。

二是经验材料十分重要。成功的经验具有重要的指导作用，失败的经验（教训）具有重要的借鉴作用，大胆尝试具有重要的探讨作用。

三是经验材料十分必要。大力倡导总结先进经验、写好经验材料、借鉴典型经验，既能省心、又能省力、还能省时，于个人、于工作、于社会都是有百利而无一害的，何乐而不为？

（三）要把握好经验材料的写作要点

经验材料很重要，抢先一步总结好，就能让它发挥好指导作用。在经验材料的写作上，建议把握好以下三个要点。

一是要紧紧围绕中心，把握大局、抓住重点、注意实用性。

二是要突出重大部署，紧扣根本性、追求原则性、侧重深远性。

三是强调影响广泛，高度重视经验材料中的做法和事例的选择，把握普遍性、代表性和倾向性，使人耳目一新。

（四）对经验材料的发掘要有缜密的思考

好的经验材料都要经历发掘的过程。发掘经验材料时一定要留心、细心和耐心，要能坚定信心，要能准确领会上级精神、深入了解基层情况、及时把握工作进度。

四、经验材料的种类

按性质，经验材料可分为先进经验材料和由后进转变为先进的经验材料。

按内容，经验材料可分为全面经验材料和专项经验材料。

按用途，经验材料可分为由下级向上级呈报的经验材料和由上级以正式文件转发或在会议上印发用来宣传推广的经验材料。

五、经验材料的范例

努力构建文化热、旅游火、百姓富的新格局

推动文化和旅游融合发展，是以习近平同志为核心的党中央作出的重大决策。近两年来，安徽省坚持以习近平新时代中国特色社会主义思想为根本遵循，认真贯彻落实党中央决策部署，完善文旅融合发展体制机制，尽锐推动"两成为、两促进"，即文化成为旅

游的灵魂、旅游成为文化的载体，文化促进旅游品质提升、旅游促进文化广泛传播，努力构建文化热、旅游火、百姓富的新格局。2018年，全省文化场馆游客近1亿人次、增长10.1%；接待境内外游客7.3亿人次、增长15.2%，实现旅游总收入7246亿元、增长16.8%；通过旅游带动贫困群众人均增收640元、增长10.5%。2019年一季度，全省城乡居民收入增幅均位居全国第二位。

一手抓"说头"，一手抓"看头"。"有说头没看头""有看头没说头"，一直困扰着文化旅游业的发展。为破解这"两难"问题，安徽把徽风皖韵和皖山皖水的双重优势进行嫁接，做好"聚气"的文章，正所谓有名气才会有人气，有人气才会有财气，有财气就会给老百姓带来福气。从而做到有"说头"、有"看头"，游客能"点头"、百姓有"赚头"。比如，安徽省宣城围绕李白"桃花潭水深千尺""相看两不厌，唯有敬亭山"等名篇和故事，深入挖掘、提炼，常年组织诗词吟诵、研讨和研学游，实现了社会效益、经济效益双丰收。2018年，敬亭山、桃花潭两个4A级景区旅游人数、收入同比增长两成以上。安徽专门出台扶持政策，大力发展景区写生和写生产业。目前，仅泾县查济村、黟县宏村就已培育写生基地62处，年吸引全国300多家院校、100多万名师生写生创作，年接待有关摄影采风爱好者80万人次。查济、宏村还吸引《大江大河》等影视剧实地拍摄取景。配套节假日旅游，2018年以来，安徽组织文化进景区演出6.3万场，线上线下观看1.5亿人次。

一手抓"景"的打造，一手抓"人"的塑造。发展文化旅游业，关键在"景"，核心在"人"。安徽在做大做精"景美"的同时，着力推动"人美"。安徽有 450 万名旅游从业人员,通过业务培训、报酬提升、人文关怀,增强他们的职业荣誉感责任感。全省共有 177 名文旅工作者被评为省级以上先进典型和好人模范,分级对全省 1.9 万名导游进行业务能力、安全应急管理等培训。这次文化和旅游机构改革中,按照"有文化、懂旅游、会管理"原则,选优配强行业管理、综合执法和企业相关经营管理人员。文明旅客是"流动的风景"。安徽出台文明旅游行业标准,在媒体开设"你该脸红了"等专栏,对不文明行为进行曝光。推动"文明旅游进社区",安徽全省已组建文明旅游志愿者队伍 4.2 万人,努力让每一个人成为文明旅游的践行者。

一手抓"点"的完善,一手抓"面"的改善。安徽顺应旅游已从景区游向全域游转变、从观光游向休闲度假游转变这一变化,把全域旅游作为主攻方向,推动文化旅游向"四全"——全景全业全时全民迈进,将文化旅游融入城乡发展特别是乡村振兴、脱贫攻坚;创办首届乡村文创大赛,引导农民既"种农田"又"种风景"。安徽休闲农业和乡村旅游经营主体已近 2 万家,直接从业人员 139 万人,带动农民就业 178 万人。其中,休宁县积极践行"绿水青山就是金山银山",仅茶叶、泉水鱼养殖收入就分别达 30 亿元、2 亿元。安徽坚持物质文明与精神文明并重,为解决少数地方"进了景区'赏心悦目'、出了景区'不堪入目'"的问题,大力推进农村垃圾、污水、厕所专项治理"三大革命",已改厕 114.9 万户,生活垃圾无害化处理率达 66%。

一手抓"请您来",一手抓"好再来"。文化旅游业是典型的形象经济、品牌经济。安徽主动融入长三角更高质量一体化发展，瞄准游客差异化体验需求，今年3月下旬，策划开展"春游江淮请您来"旅游推介，528家媒体集中一个月对全省100多个景区景点集中报道，共发稿2万余篇（条），网上点击5亿人次，"指尖游"带动了"脚下游"，当月游客同比增长两成，"五一"期间增长超三成，一些名不见经传的景点游客量增长近两倍。5月初，分管副省长带队赴沪苏浙进行旅游推介，加快推进双向客源一体化发展。以邓小平同志视察黄山40周年、"中国旅游日"主场活动在安徽举办为契机，积极筹办"一节一会"——安徽国际文化旅游节和安徽国际文化旅游产业博览会；受邀在联合国总部举办"中国旅游文化周暨黄山旅游推介"等系列活动，精准开展形式多样的宣传营销，力争让游客没来的想来、来了不想走、走了还想来。

一手抓"传下来"，一手抓"用起来"。文旅融合，不论融什么、怎么融，传承中华优秀传统文化和革命文化的责任不能丢，弘扬社会主义核心价值观的任务不能变。安徽始终坚持"创造性转化、创新性发展"方针，全面落实"要在守正、贵在创新、重在实践"十二字要求，努力使"有意义"的事做得更"有意思"，不让文化遗产成为文化遗憾。围绕传承弘扬徽文化，与故宫博物院开展战略合作，故宫在黄山设立徽派传统工艺工作站，安徽在故宫文创馆组建徽派分馆，目前入驻站馆非遗项目23个、传承人47位、工艺品269件，徽匠作品展览、徽班剧目展演、故宫馆藏新安画派精品赴皖展等系列活动，线上线下观看达1.2亿人次。今年6月，还将与光明日报社合作举办首届徽学大会。整合"禹会诸侯"遗址、花鼓灯艺术等资源，高质量建设大禹文化产业园，保护固态、传承活态、发展业态；以中华文化主题公园为目标，高起点建设太湖五千年文博园，努力打造"一梦千年、十里画廊"文旅品牌。2018年，这两个园共接待游客近300万人次，研学游62.3万人次，同比分别增长15.4%、16.5%。依托"二十四孝"故事中"鞭打芦花"等遗存，挖掘贯穿其中的传统美德，弘扬新时代孝文化、好家风。推动省属文化企业集团与相关市县合作开发红色旅游，已打造推出泾县云岭、凤阳小岗村等红色旅游景区53处，2018年全省红色旅游近1亿人次，总收入突破200亿元大关，同比分别增长10.6%、17.6%。

安徽通过这五个"两手抓"，做足做好文化旅游深度融合文章，让文化因旅游更加繁荣兴盛，让旅游因文化更加愉悦难忘，让文化旅游携手奔跑、事业产业一路高歌，让美好安徽因文化旅游更加魅力无限。

（作者系安徽省委常委、宣传部部长）

这篇经验材料开篇"推动文化和旅游融合发展，是以习近平同志为核心的党中央作出的重大决策"即体现了高站位；接着写"2018年，全省文化场馆游客近1亿人次、增长10.1%；接待境内外游客7.3亿人次、增长15.2%，实现旅游总收入7246亿元、增长16.8%"，用数字作支撑，用实例印证，增强说服力。全文使用生活化的语言，材料很接地气；结尾语言鲜活生动，很有诗意，使人读起来回味无穷。

第六章
计划类文书写作要领与范例

规划

规划就是为实现总体目标而制定的行动计划。一般来说，它是目标确定以后的延续，是实现总体目标的重要手段。总体目标只有通过实施具体的规划才能实现。

一、规划的特点

规划是广义计划文案中的一种，其基本结构、内容要求与计划相同。其特点主要表现在以下几个方面。

（一）时间跨度大

一般的工作计划大都以年为计量单位，如《××市人民政府2005年经济发展计划》《××省环保局2006年工作计划》。而规划的时间跨度一般为5～10年，如《××市国民经济和社会发展第十一个五年规划纲要》。

（二）内容概括性强

规划的时间跨度大，因此规划的目标任务、措施要求等比一般计

划的概括性要强。规划不可能像计划那样具体，更不可能落实到基层
车间班组。

（三）内容更有前瞻性和预见性

规划安排的任务和措施的时间跨度一般都在 5 年以上，因此制定
规划时必须提高调查研究、科学预测和决策的质量，并在科学预测和
决策的基础上提出规划的具体态度。如果没有高瞻远瞩的目光，没有
深谋远虑、洞察未来的能力，规划的内容就会脱离实际，就会与客观
环境的发展变化趋势不符，这样的规划就失去了指导工作的价值。

（四）与年度计划和专项规划配合使用，形成综合滚动管理模式

规划是一种纲领性文件，时间跨度大且包含范围广，而且必须要有
与之配套的年度计划和专项规划，以形成相互配合、相互补充的综合滚
动管理模式。只有这样才能确保规划的落实，从而使其充分发挥作用。

二、规划的结构

规划由标题、正文和结尾三部分组成。

（一）标题

规划的标题由规划制作单位、规划内容、规划时限和文种组成。

（二）正文

规划的正文篇幅一般都比较长，因此要求目录、大标题、小标题
必须突出鲜明。正文中应当写明以下内容：

一是背景分析和指导思想这是制定规划的依据，因此不能简单罗
列，而应认真地综合分析宏观环境和微观条件，找出有利条件和不利
条件，并提出明确的指导思想，使规划提出的目标建立在科学可靠的

基础上。

二是任务和措施这是规划的主题和核心，主要回答"做什么"和"怎样做"的问题。任务要明确，措施要有力。这部分一般采用"并列式"结构，即不同措施分别在各自的任务提出后提出。

（三）结尾

规划的结尾应表达富有号召力、简短有力的远景展望，以结束全文。

三、规划的范例

中共中央办公厅印发《2019—2023年全国党员教育培训工作规划》

为深入学习贯彻习近平新时代中国特色社会主义思想和党的十九大精神，切实提高党员教育培训工作质量，推进马克思主义学习型政党建设，根据《中国共产党章程》和有关党内法规，制定本规划。

一、总体要求

党员教育培训工作，以马克思列宁主义、毛泽东思想、邓小平理论、"三个代表"重要思想、科学发展观、习近平新时代中国特色社会主义思想为指导，认真落实新时代党的建设总要求，把学习贯彻习近平新时代中国特色社会主义思想作为首要政治任务，以坚定信仰、增强党性、提高素质为重点，坚持思想建党、理论强党、从严治党，坚持围绕中心、服务大局，坚持分类指导、按需施教，坚持联系实际、继承创新，坚持简便易行、务实管用，不断增强针对性和有效性，引导党员增强"四个意识"、坚定"四个自信"、做到"两个维护"，努力建设政治合格、执行纪律合格、品德合格、发挥作用合格的党员队伍。

从 2019 年开始，用 5 年时间，有计划分层次高质量开展党员教育培训，把全体党员普遍轮训一遍，实现以下工作目标。

——习近平新时代中国特色社会主义思想学习教育更加扎实深入，党的创新理论更加入脑入心，广大党员自觉践行新思想、适应新时代、展现新作为，在习近平新时代中国特色社会主义思想指引下，统一意志、统一行动、步调一致向前进。

——教育培训效果更加显著，广大党员理想信念进一步坚定、党性观念进一步增强、宗旨意识进一步强化、能力素质进一步提升、纪律作风进一步过硬、先锋模范作用进一步发挥。

——新时代党员教育培训体系更加健全，集中培训逐步走向常态，日常教育更加规范，推动形成教育和管理、监督、服务有机结合的党员队伍建设工作链条。

二、习近平新时代中国特色社会主义思想教育培训

（一）把学习贯彻习近平新时代中国特色社会主义思想作为首要政治任务。各级党组织要将习近平新时代中国特色社会主义思想学习教育摆在党员教育培训最突出位置，县级以上党委每年制订学习计划，列出必读书目和篇目，明确学习要求，基层党组织要结合

党员日常教育管理认真抓好落实。党员教育培训机构要将习近平新时代中国特色社会主义思想作为主课，全面纳入教学计划和教学布局。党员要把习近平新时代中国特色社会主义思想作为必修课，读原著、学原文、悟原理，深刻理解习近平新时代中国特色社会主义思想的重大意义、科学体系、丰富内涵、精神实质、实践要求，掌握贯穿其中的马克思主义立场观点方法，增强政治自觉、理论自信、情感融入，做到真学真懂真信真用。

（二）建立健全习近平新时代中国特色社会主义思想学习教育长效机制。以习近平新时代中国特色社会主义思想为中心内容，建立较为完备的课程体系。加强理论教育特点和规律的研究，开发一批学习贯彻习近平新时代中国特色社会主义思想的教学案例和现场教学点。通过专题讲座、报告会、学习论坛等多种形式进行深入浅出的解读阐述，领导干部要结合分管领域、分管工作带头宣讲。发挥"两微一端"等新媒体优势，组织党员在线学习。注重发挥党支部直接教育党员的作用，落实"三会一课"等制度，对党员开展经常性教育。健全理论学习考核评估制度，采取有效措施激发党员学习热情，推动学习教育往深里走、往心里走、往实里走。

（三）引导党员自觉做习近平新时代中国特色社会主义思想坚定信仰者和忠实实践者。弘扬理论联系实际的马克思主义学风，引导党员把自己摆进去、把职责摆进去、把工作摆进去，对照习近平新时代中国特色社会主义思想检视思想言行，做到学思用贯通、知信行统一。引导党员结合岗位职责，认真学习贯彻习近平总书记关于本部门本行业本领域工作的重要论述和重要指示批示精神，提高运用科学理论解决实际问题的能力，更好地推动事业发展。大力选树和宣传学懂弄通做实的先进典型，引导党员自觉用习近平新时代中国特色社会主义思想武装头脑、指导实践、推动工作。党员领导干部应当坚持更高标准、更严要求，带头学习实践习近平新时代中国特色社会主义思想。

三、党员教育培训主要内容

（一）聚焦基本任务。根据《中国共产党党员教育管理工作条例》，适应新时代党员队伍建设需要，突出政治功能，切实抓好习近平新时代中国特色社会主义思想教育培训，全面落实政治理论教育、政治教育和政治训练、党章党规党纪教育、党的宗旨教育、革命传统教育、形势政策教育、知识技能教育7个方面基本任务，把党性教育和理想信念教育贯穿始终，以坚持和完善中国特色社会主义制度、推进国家治理体系和治理能力现代化为目标，对党员进行系统教育培训。

（二）围绕中心工作。着眼统筹推进"五位一体"总体布局和协调推进"四个全面"战略布局，紧扣今后5年党和国家重大决策部署、重要会议活动、重要时间节点，有针对性地开展党员教育培训。结合"不忘初心、牢记使命"主题教育，重点加强党的创新理论、理想信念、政治纪律和政治规矩等教育培训；围绕贯彻落实新发展理念、实施七大战略、打好三大攻坚战等，重点加强党的路线方针政策、世情国情党情、总体国家安全观等教育培训；聚焦全面建成小康社会、中国共产党成立100周年，重点加强党史、新中国史，党的优良传统、中华优秀传统文化，社会主义核心价值观、爱国主义等教育培训，引导党员把思想和行动统一到党中央决策部署上来，始终保持奋斗精神和革命精神，敢于斗争、善于斗争，在时代大潮中建功立业。

（三）体现不同领域和群体特点。在农村，重点围绕贯彻落实习近平总书记关于"三农"工作的重要论述、打赢脱贫攻坚战、实施乡村振兴战略、推进农业农村现代化开展党员教育培训。在街道社区，重点围绕巩固党在城市执政基础、加强城市治理、服务社区群众、建设美好家园开展党员教育培训。在机关，重点围绕建设让党中央放心、让人民群众满意的模范机关开展党员教育培训。在事业单位，重点围绕深化改革、提高绩效、促进事业发展开展党员教育培训，学校重点围绕坚持马克思主义指导地位、落实立德树人根本任务、培养社会主义建设者和接班人开展党员教育培训。在国有企业，重点围绕加强党对国有企业的领导、深化国有企业改革、实现国有资产保值增值开展党员教育培训。在非公有制经济组织，重点围绕贯彻党的方针政策、严格遵守国家法律法规、团结凝聚职工群众、维护各方合法权益、促进企业健康发展开展党员教育培训。在社会组织，重点围绕坚持正确政治方向、有序参与社会治理、提供公共服务、承担社会责任开展党员教育培训。民族地区要重点围绕贯彻党的民族政策、做好民族工作，对党员加强党的意识、中华民族共同体意识和马克思主义国家观、历史观、民族观、文化观、宗教观等教育培训。

对基层党组织书记，重点开展党的创新理论、党建工作实务、群众工作、基层治理等教育培训，努力建设一支守信念、讲奉献、有本领、重品行的基层党组织带头人队伍。对新党员，重点开展党的基本知识、党性党风党纪、党的优良传统等教育培训，强化思想入党，提升他们的政治觉悟和理论素养。对青年党员，要进行系统理论教育和严格党性锻炼，引导他们传承红色基因、培养奋斗精神、练就过硬本领。对老年党员，重点开展党的创新理论、形势政策等教育培训，引导他们保持革命本色、发挥传帮带作用。对流动党员，重点开展党员意识、组织观念、纪律规矩等教育培训，引导他们主动接受党组织的教育管理，自觉参加组织生活，充分发挥作用。对下岗失业人员中的党员，要将党的理论教育和党性教育与开展政策学习和技能培训结合起来，帮助他们增强就业创业信心和能力。

（节选）

这篇全国党员教育培训工作规划，时间界限为 5 年。从五个维度进行规划，材料节选了前三个维度，第一个维度，总体要求内容概括性强，以坚定信仰、增强党性、提高素质为重点，然后分别以五个坚持展开。第二个维度，习近平新时代中国特色社会主义思想教育培训，先明确首要政治任务，其次对各级党委基层党组织、党员教育培训机构、党员都分别要求。第三个维度，党员教育培训主要内容，为党员培训明确了任务，划定了范围。

工作纲要

纲要是一种概括地叙述纲目、要点的公文。它不把全文的所有内容写出来，而只把那些主要内容提纲挈领式地写出来。工作纲要用于汇报工作、传达会议精神和讲话发言。

一、工作纲要的特点

（1）纲要性。所谓纲要性，即把汇报、传达和发言的纲目、要点提纲挈领式地写出来，不把全文一字不漏地写进材料，因此，在撰写工作纲要的过程中应突出"纲目"和"要点"。

（2）条理性。所谓条理性，就是这种文字材料应该条理清楚，如共有几个大问题，每个问题之下分几个小点，使人一目了然，否则，工作纲要就失去了它本来的作用。

二、工作纲要的种类

（1）汇报纲要。这是向上级机关汇报工作时使用的一种工作纲要，汇报人按照工作纲要中的纲目，加上脑海中的具体材料，向领导进行口头汇报。

（2）传达纲要。这是大中型的重要会议结束后，向上级、同级或下级传达会议精神时所使用的一种工作纲要。

（3）讲话纲要。这是在会议上讲话时，为了使发言条理清晰，避免忘记要点，预先把要讲的问题提纲挈领式地写出来而形成的一种工作纲要。

三、不同工作纲要的结构

工作纲要一般由标题、主体和结语等构成。只是工作纲要的标题的写作比常用公文自由、灵活一些。主体因工作纲要的种类不同而存在差异。结语可长可短。

（一）汇报纲要的结构

汇报纲要的常见标题形式为"关于×××工作的汇报纲要"。标题有时也可采用"正标题＋副标题"的形式，正标题用文章标题，或阐明意义，或突出作用；然后用副标题加以补充或限制。

主体一般写基本情况、经验体会、问题教训和今后的计划，同工作总结的主体内容大体一致。

结语一般写请领导批示之类的话。

（二）传达纲要的结构

传达纲要的标题形式一般为"关于×××会议的传达纲要"。主体写会议概况、会议的基本精神、会议的典型经验、会议解决的问题、关于贯彻会议精神的意见等。如果会议上没有介绍典型经验，可以不写。结语主要写"以上是会议的基本精神，不确切的地方，以会议文件为准"之类的话。

（三）讲话纲要的结构

讲话纲要的标题形式一般为"在×××会议上的讲话纲要"或文章式标题。主体先写开场白，然后把所讲的主要内容用大、小标题的形式罗列清楚。最后写结语。

讲话纲要可繁可简。最简单的讲话纲要只有几十个字或几百个字，有的讲话纲要则有数千字，甚至上万字。讲话纲要的繁简程度根据讲话者的实际情况、习惯爱好而定。

四、工作纲要的范例

中国工程院 2018—2022 年工作纲要

（2018 年 9 月 26 日中国工程院第七届主席团第二次会议审议通过）

为贯彻落实习近平新时代中国特色社会主义思想和党的十九大精神，大力实施创新驱动发展战略，发挥中国工程院国家战略科技力量的作用，打造国家高端智库，为建设世界科技强国提供强大支撑，根据《中国工程院章程》，制定《中国工程院 2018—2022 年工作纲要》。

一、指导思想

高举中国特色社会主义伟大旗帜，深入贯彻落实习近平新时代中国特色社会主义思想和习近平总书记关于科技创新的重要论述，坚决维护习近平总书记党中央的核心、全党的核心地位，坚决维护党中央权威和集中统一领导，紧紧围绕"五位一体"总体布局和"四个全面"战略布局，坚定不移加强党的全面领导，把党的政治建设摆在首位，将党建引领融入中国工程院事业发展全过程，团结带领广大院士，守正扬清、牢记天命、凝心聚力、砥砺奋进，充分发挥工程科技对加快建设创新型国家的支撑引领作用，为建设世界科技强国奠定坚实基础，为实现"两个一百年"奋斗目标和中华民族伟大复兴的中国梦提供强大动力。

二、主要任务

（一）牢记重托，坚决落实中央决策部署

坚决维护以习近平同志为核心的党中央权威和集中统一领导，

牢固树立政治意识、大局意识、核心意识、看齐意识，坚定道路自信、理论自信、制度自信、文化自信，在思想上、政治上、行动上同党中央保持高度一致，坚定不移地服从服务好中央工作大局，不折不扣地贯彻落实中央决策部署，不辜负党和国家的期望与重托。

（二）坚持标准，切实加强院士队伍建设

巩固深化改进完善院士制度成果，发挥院士制度凝才聚智的导向性作用，始终把建设一支忠诚于党和人民、高水平高质量、在科技界和社会上享有崇高威望的院士队伍，作为工程院生存和发展的根本。牢牢把好院士增选关口，坚持德才兼备，突出学风和品行导向，把更多在工程科学技术方面作出重大的、创造性的成就和贡献，热爱祖国，学风正派，品行端正的科技工作者吸收到院士队伍中来。

（三）服务决策，打造顶天立地高端智库

以服务党和政府决策为宗旨，以工程科技战略咨询为主攻方向，开展前瞻性、针对性、储备性战略研究，服务国家、服务产业、服务社会、服务民生。积极拓展独立评估评价职能，建设"创新引领、国家倚重、社会信任、国际知名"的中国特色新型高端智库。以科学咨询支撑科学决策，以科学决策引领高质量发展，为建设世界科技强国提供强大智力支撑。

（四）守正扬清，弘扬新时代科学家精神

坚守院士称号的学术性、荣誉性本质，加强科学道德和学风建设。大力弘扬新时代科学家精神，宣传院士传播真理、传播真知，崇德向善、见贤思齐，言为士则、行为世范，提携后学、甘当人梯的崇高品德，在全社会树立良好道德风尚，带动建设科技界扎实的学风和良好创新生态。

（五）履行天命，努力建设世界科技强国

肩负起国家战略科技力量的使命担当，以建设世界科技强国为使命，充分发挥中国工程院多学科、跨部门、跨行业的综合优势，围绕国家重大战略需求，瞄准高质量发展和事关国计民生的重大工程科技问题，勇做新时代科技创新排头兵，在更高层次和更大范围发挥工程科技创新的支撑引领作用。

三、发展目标

——建设忠诚于党和人民，在科技界和社会上享有崇高威望的院士队伍。

院士队伍规模适度，年龄结构合理，学科、地区、行业分布更加优化。非资深院士不少于500人，70岁以下院士占全体院士比例不低于40%。激励广大院士做弘扬爱国奋斗精神的模范引领者、做科技创新的奋力开拓者、做高尚学术道德的坚定守护者、做致力提携后学的身体力行者，充分发挥广大院士推动提升国家科技创新核心竞争力的引领作用，为社会主义现代化建设提供强大人才支撑。

——围绕国家重大战略需求，在科技力量组织上主动作为，为建设创新型国家和世界科技强国提供支撑。

聚焦"两个一百年"奋斗目标，紧紧围绕党的十九大提出的七大战略和系列"强国"部署，发挥工程科技创新在产业革命、经济发展、社会进步中的杠杆作用，动员组织广大院士围绕保障国家安全、助推经济高质量发展、保障和改善民生、建设生态文明等方面发挥创新引领作用。着力增强自主创新能力，充分发挥院士为国家科技创新补"短板",解决"卡脖子"难题的关键作用,推动加快建设创新型国家和世界科技强国。

——建设中国特色、国际一流的新型国家高端智库,推动建立国家层面独立、客观、权威的第三方工程科技评估评价机制。

加强顶层设计,开展"顶天立地"战略研究,发挥战略科学家的核心作用,动员和组织全体院士开展咨询研究,力争实现非资深院士全覆盖,切实提高咨询研究质量,为党和国家提出专业化、建设性、切实管用的意见和建议。深入推进战略研究联盟建设,聚焦地方需求共建地方战略研究院,到2022年基本实现各省、自治区、直辖市全覆盖。每年设立150项左右的咨询研究项目,承担30项左右国家高端智库课题,上报60份左右的院士建议,报送党中央、国务院和有关部委报告20份左右,咨询研究项目非涉密研究成果公开出版、发表或通过中国工程科技知识中心平台发布的数量占比超过80%。

积极在国家重大科技方向选择、重大项目评审、重要人才评价、机构评估及重大工程实施中充分发挥第三方评价的作用;第三方评估组织架构和实施机制更加完善,初步建成相对独立的国家层面的评估评价机构,作为第三方评价机构的社会知名度和影响力不断扩大。

——积极融入全球创新网络,扩大国际交流与合作,拓展中国工程院国际影响力。

实现与国际上现有47个国家级工程院、有关国际组织包括国际工程与技术科学院理事会(CAETS)、欧洲应用科学技术和工程科学院理事会(Euro-CASE)等的联系与交流全覆盖;选择与

12～15 个国际上现有的国家级科学院、医学科学院建立联系与交流；选择与 10 个左右国际上知名的高端智库建立联系与交流；与重点的 12 个合作伙伴建立机制性合作关系。开展以"一带一路"为主题的国际工程科技交流活动，探讨建立金砖国家工程院交流合作机制，促进落实我国对非洲工程科技界的援助。外籍院士数量达到国内院士总量的 10% 左右。

——构建结构合理、保障有力、科学高效的支撑服务体系。

健全组织实施机制，加强机关政治建设，建设模范机关，打造政治坚定、作风过硬、本领高强的干部队伍；加强院士服务，建好院士之家，推动实现各省、自治区、直辖市至少有一个院士服务机构；推动战略咨询中心从咨询服务为主向战略研究为主转变，建成具有一定影响力的国家高端智库核心研究支撑机构；建设先进的业务信息化系统，筑牢高端智库信息化基础。

（节选）

这篇工作纲要制定了工程院未来五年的工作内容，内容分别从五个方面进行介绍：一是指导思想，二是主要任务，三是发展目标，四是主要举措，五是保障体系。五年要做的工作有很多，材料很繁杂，但这篇材料提纲挈领地写了出来，又很具体，条理清楚，一目了然。

工作方案

工作方案，顾名思义，就是工作的具体计划或针对某一问题制定的规划。"方"即方法，"方案"即在案前得出的方法，将方法呈于案上，即为"方案"。

方案是计划类文书中内容最为复杂的一种。一些具有某种职能的具体工作比较复杂，不作全面部署就不能解决问题，因而工作方案的内容要多一些。工作方案一般包含指导思想、主要目标、工作重点、实施步骤、政策措施、具体要求等项目。

一、工作方案的写作

工作方案的内容多是上级给下级安排的或涉及面比较广的工作，一般都用带"文件头"的形式下发，所以不用落款，只有标题、成文时间和正文三部分内容。工作方案也可以是下级单位或具体责任人为落实和实施某项具体工作而形成的文件，然后报上级单位或主管领导批准实施。二者的写作要求相同。

（一）标题

工作方案的标题有两种写法。一种是"三要素"写法，即由发文机关、计划内容和文种三部分组成，如"××大学五年发展规划总体方案"。另一种是"两要素"写法，即省略发文机关。

（二）成文时间

工作方案的成文时间一般不省略，并且要写在标题之下、正文之上的特定位置。

（三）正文

工作方案的正文一般有两种写法。

一是常规写法，即按"指导思想""主要目标""实施步骤""政策措施""具体要求"几个部分来写，这种较固定的模式适用于常规性的单项工作。

二是变项写法，即根据实际需要在上述几个部分的基础上进行加项或减项，这种写法适用于特殊性的单项工作。

但不管使用哪种写法，在工作方案中，"主要目标""实施步骤""政策措施"这三项必不可少，但它们在实际写作中的称呼可以不同，比如，可以把"主要目标"称为"目标和任务"或"目标和对策"等，把"政策措施"称为"实施办法"或"组织措施"等。

二、工作方案的范例

青浦区生产企业复工工作方案

根据上海市人民政府2020年1月27日发布的《关于本市延迟上海市企业复工和学校开学的通知》以及市经济信息化委2020年1月31日下达的《关于本市生产企业复工申请有关事项的通知》，为落实本市突发公共卫生事件一级响应要求，有效防止新型冠状病毒感染的肺炎疫情扩散和蔓延，切实维护公众生命安全和身体健康，特制订本工作方案。

一、适用范围

本方案适用于实际生产经营地址在本区行政区域范围内的工业、生产性服务业企业、特色产业园区。

二、基本要求

1. 防疫防控措施到位。申请复工的生产企业要制订好防疫防控方案，并严格执行，确保不发生疫情。

2. 属地监管责任到位。申请复工生产企业所在的街镇、园区落实属地监管责任，做好企业防疫防控措施执行情况的指导、监管和协调，做到严控、有序复工，全过程监管。

3. 事前事后管理到位。对于复工的生产企业，将防疫防控工作从事前审核到复工后的日常生产贯穿始终，确保措施到位、行之有效。

三、申报企业要求

1. 严格落实各项防疫防控措施，达到复工基本要求（详见附件1）。

2. 原则上应属于保障城市运行必需（供水、供气、供电、通信等行业）、疫情防控必需（医疗器械、药品、防护品生产和销售等行业）、群众生活必需（超市卖场、食品生产和供应等行业）及其他涉及重要国计民生的相关企业。不属于上述类型的企业原则上不予批准复工。

四、申报和备案流程

1. 企业申报。向所在镇（街道）、园区递交复工申请（一式四份，法定代表人签字、加盖公章）。申请材料包括：《青浦区生产企业复工审核报备表》（详见附件2），复工方案，相关说明材料。

2. 镇（街道）、园区审核。镇（街道）、园区审核应当履行属地管理责任，在收到企业申请材料后到企业现场进行核查，符合有关要求的，经镇（街道）、园区主要领导签字、属地部门盖章同意后报送区经委。

3. 区经委备案。收到镇（街道）、园区审核同意复工的材料后，区经委会同相关部门进行现场查看，对符合防疫防控要求的予以备案。

4. 区经委信息汇总报市经济信息化委备案。每天 16 时前，区经委将《本区域内经各区经委核查批准企业复工汇总表》以及当天批准的《青浦区生产企业复工审核报备表》，一并报市经济信息化委备案。

五、后续监管要求

1. 各复工企业要切实履行主体责任，增强防疫防控意识和责任，做到"三个全覆盖"，即人员管理全覆盖、防疫过程全覆盖、生产环节全覆盖。要成立防疫应急小组，负责对供应商（食堂、保安、物流送货等），客户，来访人员等所有需要入厂人员进行体温检测，对厂区和宿舍进行定期消毒，做好相应的台账记录。要严格加强返沪人员管控，原则上湖北籍员工不允许返沪，对于来自重点疫区的员工，应按规定隔离，禁止复工；对于其他省市返沪以及本市户籍外出返沪的员工，要全力落实防疫防控要求。取消大规模聚会或社交活动，加强员工健康宣传教育，督促做好员工个人防护，佩戴口罩，保持个人卫生，不随地吐痰，勤洗手等。一旦出现不符合规范的情形或发现确诊病例，应立即停产、采取有效防护隔离措施，并向镇（街道）、园区报告，并依法追究相应责任。

2. 镇（街道）、园区要严格落实属地管理责任，增强源头把控意识，严格把关、严格审核、严格上报。要做到每报必查，做到"三进三查三确保"（即进大门、进厂区、进车间，查进出厂区管理、查防疫应对措施、查往返员工名单、确保安全，确保供应，确保信息畅通）。在同意企业复工申请后，要落实督查职责，定期检查企业防疫防控措施落实情况，督促企业及时整改。要强化信息报送意识，及时将复工相关信息、企业检查信息报送区经委。一旦出现不符合规范的情形或发现确诊病例，应立即要求企业停产、采取有效防护隔离措施，并及时报告区有关部门。

3. 区经委要切实履行产业主管部门职责，要认真落实抽查督查要求。要按照区领导"严控、有序复工"的要求，对拟申请企业的申报材料进行复核，对市征用、区急需的行业和企业予以支持，核发复工通知书。对于不符合复工要求的申请不予备案。要合理安排调配人员，对复工企业开展"三不一直"抽查（即不发通知、不打招呼、不听汇报、直插现场），落实"三进三查三确保"要求。要形成部门合力，会同区卫健委、区市场监管局等部门开展联合检查。有关检查情况要及时通报属地部门，落实整改要求。

六、其他

本方案自印发之日起执行，后续如有与上级部门最新通知不一致的情况，按照上级部门有关通知精神执行。

上海市青浦区经济委员会

2020 年 2 月 5 日

这份复工工作方案有别于其他工作方案，有指导思想、主要目标、工作重点等项。该方案有适用范围、基本要求、申报企业要求、申报和备案流程、后续监管要求，其中"申报企业要求、申报和备案流程"

为实施步骤，"后续监管要求"中包含了政策和组织保障。

工作要点

工作要点是指针对未来某个时期的工作，简明扼要的安排，多用于领导机关给下级机关布置工作和安排任务。

一、工作要点的特点

（一）简明扼要，具有针对性

工作要点集中反映工作计划中最重要的部分，且语言简练，具有很强的针对性和概括性。

（二）行文灵活，约束性不强

工作要点可以根据实际需求对内容进行增减，或交换各部分内容的位置；层次之间也可以跳跃，各部分内容之间可以有一定的跨度。同时，对格式的要求也不严格。

二、工作要点的结构

（一）标题

工作要点没有文头，一般由单位、时间和文种三部分构成，如"××省××市××局××××年工作要点"。

（二）主送单位

工作要点的内容是机关工作的要点，大部分工作要点属于机关内部的普发性公文。因此，这类公文一般不写主送单位。

（三）正文

有些工作要点的正文部分有前言，有些没有。前言部分需写明撰写工作要点的目的、依据、指导思想等。并且这部分篇幅的长短要根据具体的情况而定，一般情况下只需点到为止，不展开阐述。

正文部分一般包括两个方面的内容，一是提出一定时期内的奋斗目标，二是提出为实现目标而制定的工作要点和主要措施。这两个方面的内容可以分开阐述，用小标题标明；也可以不分开阐述，采用承上启下的过渡句进行衔接。在表达方式上，正文部分一般采用分项的形式来写，一般一项讲述一个问题，并用序号进行排序。

（四）结尾

如果工作要点的标题中没有显示制定单位，标题下面也没有标明制定日期，则需在正文右下方的结尾部分写明制定单位和制定日期。如果标题中已有制定单位，则在结尾部分可以省略不写。

三、工作要点的写作要求

从性质上说，工作要点属于计划类文书，工作要点的写作是应用写作中的一种。工作要点具有指导性、预见性、可行性、约束性的特点，其写作要求如下。

（1）内容概括性较强，既包容全盘工作，又突出重点任务；不展开阐述观点，只择其要点而述之；条理清楚、层次分明、实事求是；既有定性要求，也有定量指标；语言朴素准确。

（2）措施要有创新性、可操作性，简明实用。

（3）每个事项的做法、程序、要求要交代清楚。

四、工作要点的范例

淮北市 2021 年全面推行河湖长制工作要点

2021 年，淮北市全面推行河湖长制工作，坚持以习近平生态文明思想为指引，深入学习贯彻习近平总书记考察安徽重要讲话指示精神，积极践行新时代治水思路，按照市委市政府的决策部署，持续深化河湖长制，打造人水和谐幸福河湖，为全市经济社会发展提供有力的支撑保障。

一、加强水域岸线管理保护

1. 落实市总河长 1 号令。深入推进"清河清湖"专项行动，聚焦河流湖泊管理范围内乱占、乱建、乱堆、乱采、乱排、乱捕等危害河湖健康生命的行为，深入排查，建立问题台账，明确整改责任、措施和时限。加强督查指导，充分发挥"生态检察官"和"河湖警长"作用，推动依法依规整改、限时销号清零。深入推进河湖"清四乱"常态化规范化，组织河湖问题整改"回头看"，抽查复查率不低于30%。（责任单位：市河长办、市级河长会议成员单位、市级湖长协助单位，市检察院、市公安局）

2. 强化河湖空间管控。落实境内主要河湖岸线保护与利用规划约束，纳入发展规划和国土规划，强化岸线利用分区管控。组织开展全市涉河建设项目监督检查专项行动，建立完善涉河建设项目台账，继续开展非法涉河建设项目清理整治。加快推进全市港口规

划修订工作，加强港口岸线审批管理，促进岸线保护和节约集约利用。（责任单位：市水务局、市交通运输局）

3. 强化河道取土监管。压实属地管理和部门管理责任，严格落实 24 小时巡查制度，严厉打击非法取土行为。适时组织开展行政执法专项监督检查行动，保持对非法取土高压严打态势。继续实施水利、公安、交通等部门联合执法，坚决拆解取缔停泊在河湖内的"三无"船只。（责任单位：市水务局、市公安局、市交通运输局、市农业农村局、市经济和信息化局、市市场监督管理局）

二、加强水资源管理保护

4. 严格水资源管控。建立水资源管理控制指标体系，将用水总量控制指标分解到县区和用水行业，加强水资源用途管控。完成沱河、萧濉新河等跨县区河流水量分配，加快跨县区江河流域水量分配。巩固县区取用水管理专项整治行动成果，完成取用水管理专项整治行动问题整改工作，健全监管长效机制。（责任单位：市水务局、市发展改革委、市住房和城乡建设局、市自然资源和规划局）

5. 深入实施节水行动。坚持节水优先，严格用水管理，推进规划和建设项目节水评价。持续实施《淮北市节水行动实施计划》，建设 3 家省级节水型企业、1 所省级节水型高校、1 处节水教育基地，启动节水型园区、节水型灌区建设，示范带动全社会节水。（责任单位：市水务局、市发展改革委、市经济和信息化局、市教育局）

6. 加强饮用水水源地保护。以县级以上城市集中式饮用水水源为重点，推进水源地规范化建设。巩固县级以上城市集中式饮用水水源整治成效，开展农村饮用水水源保护区问题排查整治。推进

县级以上集中式饮用水水源水质自动监测系统建设。（责任单位：市生态环境局、市住房和城乡建设局、市水务局）

7. 加强地下水管理与保护。拟定全市地下水管控指标，完善地下水监测体系，推进地下水超采区监测站网建设。制定地下水超采区年度封井计划，依托淮水北调调水工程，继续推进全市地下水置换工作。建立地下水用水台账，利用现有信息平台，形成动态监管"一张图"。（责任单位：市水务局、市生态环境局）

三、推进水污染防治

8. 深入实施水污染防治行动。实施地表水生态环境质量目标管理，强化水功能区监督管理，未达水质目标地区制定限期达标方案。强化地表水国家考核断面水质目标管理，全市地表水国家考核断面水质优良比例达到国家要求，劣 V 类断面基本消除。（责任单位：市生态环境局、市水务局）

9. 推进城镇污水治理。继续实施《城市污水处理提质增效三年行动实施方案（2019—2021 年）》，改造市政污水管网 3 公里以上，建成县区基本无生活污水直排口，基本消除城中村、老旧城区和城乡接合部生活污水收集处理设施空白区，基本完成市政雨污错接混接点治理及破旧管网修复改造。（责任单位：市住房和城乡建设局、市生态环境局、市发展改革委、县区政府）

10. 加大黑臭水体消除力度。加快县区建成区黑臭水体治理，完善长效机制，巩固城市"黑臭"水体治理成效。推进农村"黑臭"水体治理。完成国家级监管"黑臭"水体治理年度目标。（责任单位：市住房和城乡建设局、市生态环境局、市农业农村局、市水务

局、县区政府，市高新区管委会）

（来源：节选淮北新闻网　发布时间：2021-09-24）

这篇工作要点对未来特定时期的工作作了简明扼要的安排：一是加强水域岸线管理保护，二是加强水资源管理保护，三是推进水污染防治等。全文指导性强，集中反映了工作计划中最重要的部分，并且语言简练，具有很强的针对性。

计划书

计划书是国家机关、企事业单位、社会团体预先对今后一定时期内的工作、活动作出安排时使用的一种计划类文书。

一、计划书的特点

（一）预见性

这是计划书最明显的特点之一。计划书是在行动之前制定的，它以实现今后的目标，完成下一步的工作和学习任务为目的。它是在总结过去的成绩和问题，分析目前的工作情况，预测今后的发展趋势的基础上制定的。它对客观现实准确的认识和对未来科学的预测是增强计划预见性的重要手段。

（二）针对性

计划书是根据党和国家的方针政策和有关法律法规精神、针对本系统、本机关、本单位、本部门的实际情况制定的。不从实际出发而制订的计划书，是毫无价值的计划书。

（三）可行性

这是计划书能够成功实施的保证。计划书如果没有预见性，那就失去了制订它的意义；如果计划书没有可行性，那么所谓计划书就如同一纸空文，没有任何用处。所以计划书所提出的目标和任务、方法和步骤、要求和措施等，应当是可靠的和切实可行的，这就从客观上保证了计划书的成功实施。

（四）约束性

计划书一经批准，在它所涉及的范围内，就具有一定的约束性，机关、单位、部门、个人在工作中必须按要求予以贯彻执行。计划书不得随意变更，更不能不予以实施。

二、计划书的种类

按照不同的分类标准，计划书可分为多种类型。

按内容分，计划书可分为学习计划书、工作计划书、生产计划书、财务计划书、教学计划书、分配计划书、销售计划书等。按使用范围分，计划书可分为班组计划书、单位计划书、地区计划书、国家计划书等。按时间分，计划书可分为周计划书、月计划书、季计划书、年计划书、五年计划书、十年计划书等。按性质和作用分，计划书可以分为指令性计划书、指导性计划书、综合计划书、专题计划书等。

三、计划书的结构

计划书一般由标题、正文和结尾组成。

（一）标题

标题一般由单位名称、时间、事由和文种组成，如"省人民政府直属机关××年度政治理论学习计划"；有的标题会省去单位名称，如"××年度春季全民植树造林工作计划"；有的会省去时间，如"××集团公司党员轮训工作计划"；有的则由事由和文种构成，如"业务考核计划"；有的甚至只写文种一项内容。

（二）正文

正文一般由前言、主体、结尾三部分组成，但有的计划书的正文没有结尾部分。

（1）前言。这是计划书的开头部分，通常会简明扼要地概述制订计划书的指导思想、依据、意义、本单位情况及总目标等。

（2）主体。主体包括任务、要求、措施、办法、步骤、时间等内容。主体部分需写明要求实施计划和随时对计划落实情况进行检查的依据。所以此部分提出的任务、要求应当明确，措施、办法、步骤、期限等要具体可行。

（3）结尾。此部分可以提出要求，也可以展望计划实施后的效果。有的计划书的主体内容表述完毕后全文就结束了，因此，写不写结尾要根据内容表述的需要确定。

（三）结尾

结尾包括署名和时间两个项目。署名写上制订计划书的单位的名称。标题中已标明单位名称的可以不写，时间写计划书通过的年、月、日。有附件的计划书，附件名称应注于正文之后，署名的左上方。

四、计划书写作的注意事项

一是要注意深入领会党和国家的有关方针政策和法律法规精神，并将其作为制订计划书的指导思想。

二是要注意从本单位、本部门的实际情况出发，不要脱离现实，任务指标不要定得过高或过低。

三是措施和办法要具体、可行，以便于计划落实和监督检查。

四是表达方式要以说明为主，行文中不要夹杂不必要的议论。

五、计划书的范例

大兴区数字经济创新发展三年行动计划（2021—2023 年）

为全面贯彻党中央、国务院和北京市关于大力推进数字经济发展的战略部署，深入落实《北京市促进数字经济创新发展行动纲要（2020—2022 年）》，紧抓"两区"建设机遇，加快推动数字技术与经济社会深度融合，大力发展数字产业化和产业数字化，全面推进大兴区数字经济创新发展和数字化治理能力提升，加速形成开放创新新格局，制订本行动计划。

一、总体要求

坚持以习近平新时代中国特色社会主义思想为指导，全面落实习近平总书记视察北京系列重要讲话精神，紧紧围绕国家和北京市赋予大兴的功能定位，坚持"两区"政策牵引，深入落实"五新"

政策，体系化推动大兴区数字经济创新发展，高标准建设数字贸易试验区和数字经济产业园，以"数字贸易"为创新和突破，推动贸易数字化和数字服务贸易发展；以"数字产业化和产业数字化"为核心和引擎，做大做强数字医疗健康、数字文化和先进智造特色数字产业，全面提升产业数字化融合深度和广度；全面推动数字技术与公共服务、社会治理各领域深度融合，充分发挥数据作为重要生产要素的价值，夯实数字基础设施支撑能力，以数字经济驱动大兴区高水平开放发展。

二、发展目标

到 2023 年年底，大兴区数字经济迈入快速扩展期，数字经济增加值超过 500 亿元，占地区 GDP 比重达到 50% 左右，初步形成 3 ～ 4 个产业集聚度高、特色鲜明的数字产业集聚区，建成以下"四个高地"。

——全国数字贸易创新发展高地。数字贸易试验区初步建成，贸易数字化建设成为全国样板。数据跨境流动安全管理试点取得明显成效，VPN、IDC、云服务等业务更加开放，成为我国跨境电商的集聚中心，数字服务贸易引领全国发展。

——全国数字医疗健康发展高地。引进和培育 1 ～ 2 家数字医疗健康领域的知名互联网平台企业，打通国内外线上线下医疗资源，形成数字医疗健康产业生态。推动 1 家以上的医疗机构开通互联网诊疗服务。培育 2 ～ 3 家头部医药电商平台。

——全国数字文化融合发展高地。数字内容创作产业实现集聚发展，打造 1 ～ 2 个国内国际知名的文创 IP，成为全国乃至全球数字内容的重要策源地。引入 1～2 家头部数字内容传播互联网平台企业。形成以 5G+8K 为特征的新一代视听产业集聚高地。

——全国先进智造产业示范高地。建成一批智慧车间和数字工厂，培育 15 个智能制造标杆企业。以新一代信息技术制造、智能医疗设备、氢燃料电池、航空航天配套零部件和设备为代表的先进智造产业集群初具雏形。

三、重点任务

（一）建设数字贸易创新发展高地

1. 全力开展数字贸易试验区建设。统筹搭建数字贸易交易展示、数字贸易公共服务、跨境数据监测及安全管理等数字贸易基础设施，建设数字贸易产业园，营造数字贸易创新发展的优质营商环境。建设临空经济区数字贸易联合实验室，开展数字贸易技术和应用创新研究。推动数据跨境流动安全管理政策突破，探索建设数字贸易特殊监管区和离岸数据中心。积极争取数字人民币试点在自贸试验区落地，在跨境金融服务、供应链金融等领域探索数字人民币试点应用。抓住"两区"建设机遇，争取跨境电商、跨境远程医疗等领域更多突破性政策落地实施。

2. 打造中国国际贸易数字化示范区。建设贸易数字化赋能中心，集中展示贸易数字化发展经验和应用场景。在综合保税区发展数字化的国际采购分销、货运代理和保税租赁等服务业态。培育贸易数字化服务企业，为国内出口企业提供物流、报关、清关、仓储、收结汇、退税、金融等贸易环节的数字化服务和各类海外属地化服务，助力国内企业走出去。支持有条件的企业积极争取在跨境金融服务、电子认证、在线消费者权益保护等贸易数字化领域参与构建国际规则体系。立足临空经济区优势，建设跨境电商产业园区，面向"一带一路"沿线国及 RCEP 协议国发展跨境电商业务。

3. 培育数字服务贸易新业态。立足临空经济区，探索互联网虚拟专用网业务（VPN）、IDC、云服务等数字技术服务业态的外资准入和开放。依托数字文化产业的集聚，向海外提供动漫、游戏、视频、文化版权等领域的数字内容服务。引进和培育跨境电商、在线医疗、在线教育等领域的互联网企业面向海外用户提供互联网平台服务。

（二）打造数字医疗健康发展高地

4. 引进和培育数字医疗平台巨头企业。吸引 1～2 家国内数字医疗健康领域的知名互联网平台落地，串联国内外线上线下医疗资源，建设数字医疗健康产业园，打造数字医疗产业生态，以平台经济赋能产业发展。依托生物医药供给、物流配送、医药分销优势，鼓励医药企业发展医药领域的垂直电商。支持大兴区医药电商平台企业发展壮大，引进国内外医药电商头部企业，培育 2～3 家头部医药电商平台。

5. 发展互联网医疗。落实国家"互联网＋医疗健康"指导意见，探索建立互联网医院，支持传统医疗机构创新发展，提供远程诊疗、健康管理等数字医疗服务，优化服务流程，提高服务效率，改善百姓就医体验，推动 1 家以上医疗机构开通互联网诊疗服务。探索推进互联网医院信息平台与互联网诊疗服务监管平台对接，保障患者隐私保护和信息安全，确保医疗质量和医疗安全。

6. 提升智慧医疗服务水平。提升大兴区人口健康信息平台功能，探索利用"人工智能"等新技术创新业务内容与形式，促进信息共享和业务协同。升级完善"健康大兴"App，体现"智慧医疗"的便捷性。探索建立"一人一档一码"市民健康档案。推进"智慧医院"示范建设，推广医院管理信息化、患者管理数字化、智能数字化服务等智慧医疗新场景。以"互联网＋家医"模式为切入点，深化家庭医生在线签约服务。

7. 推动数字医疗健康技术研发和产品创新。培育和引进企业，推动大数据、人工智能技术在药物研发、医学影像、辅助诊疗、疾病预测、医院管理、健康管理、辅助医学研究等领域的应用和产品落地。进一步壮大医疗手术机器人、康复机器人、智能医疗设备、医疗可穿戴设备等数字诊疗设备产业。

（节选）

这篇工作计划开篇交代了工作计划的背景，接着采用总分结构，先写总体要求和发展目标。然后写重点任务，接着分类介绍，比如"全力开展数字贸易试验区建设""打造中国国际贸易数字化示范区""培育数字服务贸易新业态"等，均采用了分类罗列的写法，各计划清晰可见；而且还采用阿拉伯数字，读者一看就了然于胸。

第七章
交流汇报类文书写作要领与范例

交流材料

交流材料就是用于交流工作的材料。达到相互学习、交流经验的目的。

一、交流材料的特点

交流材料有以下三个特点。

一是交流材料不属于正式文件，也不是规范性公文，没有特别的规定，也没有固定的格式，是应用文中限制最少的文种之一。

二是应用广泛。对于领导来说，"抓两头促中间、抓典型带一般"是一种常用的领导方法，"胸中有思路、手中有典型"往往被看作一个领导称职和成熟的标志。因此，在大大小小、形形色色的会议上，交流材料总是必不可少的，其在实际工作中的应用范围较广。

三是促进工作，提高业务水平。无论是机关、企事业单位，还是社会团体，每年都要召开若干会议，交流情况、交流经验、交流体会，从而促进工作、提高业务水平。

二、交流材料的写法

（一）从"典型"的角度去寻找和发现

既然是交流材料，就必然有其先进性、典型性、代表性，可以供人学习、供人借鉴、催人奋进，让他人以经验提供者为榜样努力追赶。

一是思路要独特。思路决定出路，思路决定行动，思路决定效果。看一个地区、一个单位或者一个人的工作是否有特色、有创新之处，经验是否值得总结、值得推广，不能仅仅看是否有"好点子""好主意"，更应看是否有好的工作思路。

二是做法要先进。做法是交流材料的主体，是最吸引人的地方，此处不精彩，文章就难出彩，经验也就难以让人喝彩。所以，做法先进是关键，是重头戏。

三是效果要显著。思路是否可行、做法是否先进，关键看效果。没有效果，就没有说服力；没有突出的效果，也就没有值得推广的经验。效果是否突出，关键要看实绩是否领先。

（二）从"启发"的角度去梳理和总结

人们学经验、看现场、听介绍，是为了获取"真经"，从中受到"点化"，受到启迪，学到好策略，学到好方法，以便更好地做好本职工作，获得更好的成绩。

一是在"为什么"上启迪思路。在参观、考察、听完介绍之后，人们若对先进经验有兴趣，自然就会追问当初是怎么想到这样做的。因而，撰写交流材料时要清楚地回答为什么会这样做。

二是在"怎么做"上提供借鉴。撰写交流材料不能像记流水账一样，把所有的做法一个不漏地写下来，也不能把常规做法当作"经验"介绍，要突出重点、表现特色、写出新意。

三是在"效果如何"上激发兴趣。有些交流材料在介绍效果时往往侧重于介绍增长幅度，习惯于纵向对比。在科技日新月异的形势下，就必须在进行纵向对比的同时，进行横向对比，横向对比就是在世界范围内比较，在全国、全省区市范围内比较，在行业范围内比较。

（三）从"体会"的角度去咀嚼和提炼

一项工作、一种思路、一套措施、一份收获，困难的探索、辛勤的努力、精彩的过程、骄人的业绩，这一切让亲历者回顾起来，必然会有几多感慨、几多回味，而亲历者的这些真切体会对于虔诚的学习者来说，本身就是一种精神财富，是"经验的经验"。

三、交流材料的范例

不断把党建高端智库建设推向前进
——北京、内蒙古、湖南、广西、云南、宁波、机关专委会和科研院所专委会等经验交流材料

坚持首善标准　建设高端智库

北京市党建研究会

北京党建智库成立以来，充分发挥"小机构大平台"作用，连

续 3 年在首都高端智库理事会组织的考核中均为优秀，智库品牌影响力不断提升。

坚持加强领导与激发活力相统一，建立完善智库管理体制和运行机制。坚决贯彻习近平总书记重要指示精神，依托市党建研究会组建党建智库，纳入首批 14 家首都新型智库试点单位。智库由市委组织部主管，接受首都高端智库理事会的业务指导和监督管理，并设立智库建设专项经费。建立由理事会、学术委员会、首席专家和秘书处组成的智库治理结构，理事会理事长由市委常委、组织部长兼任，学术委员会主席由市党建研究会会长兼任，首席专家由知名党建专家担任，秘书处设在市党建研究所。研究制定党建智库建设方案、理事会章程、三年研究计划、考核奖励办法等制度，探索形成智库重大课题管理、联合研究攻关、成果转化以及考核评价奖励等一套符合智库发展规律和自身运行特点的工作机制，推动党建智库管理运行日趋规范完善。

坚持党建研究与服务决策相统一，着力提升有效成果产出率和决策影响力。坚持把服务市委党建决策作为智库建设的首要任务，努力做到课题研究聚焦市委决策、咨询服务有扎实研究成果支撑。政策研究突出指导性、前瞻性，主动对接市委重大决策需求，策划立项"党建引领'街乡吹哨、部门报到'机制研究""特大城市治理中的风险防控问题研究"等重大课题，提出原创性资政建议。对策研究突出针对性、时效性，围绕"党建引领首都基层治理""党建引领新冠肺炎疫情防控"等市委"正在做的事"，推出接地气、冒热气、受欢迎的研究成果。

坚持开放合作与集聚人才相统一，着力增强整体合力。有效整合首都党建研究资源和力量，建立包括智库学术委员会委员、特聘专家等在内的专家团队，通过社会化方式聘用学术助理和行政助理，探索解决体制内智库专业研究人员匮乏问题。坚持开门办智库，加强与中国人民大学、北京师范大学、市社科院等联系沟通，精心策划主题，联合举办高端论坛，打造首都党建研究领域的学术交流高地。坚持开放搞研究，重大课题均面向首都理论界公开招标，提供足够研究周期、充足经费保障，鼓励央属高校、科研机构和知名专家学者牵头开展研究。

抓好"五个体系"建设　实现"五有"目标

内蒙古自治区党建研究会

近年来，内蒙古深入学习贯彻习近平总书记关于"发挥党建高端智库作用"重要指示精神，切实抓好组织体系、功能体系、人才体系、管理体系、保障体系建设，有力推动自治区党建研究会新型特色智库建设上台阶上水平。

突出抓好组织体系建设，健全完善基本架构。完善组织领导机构，2018 年换届选举产生由自治区党委常委、组织部长担任会长的新一届理事会领导机构。健全党建研究组织体系，指导带动全区各级逐步健全完善党建研究机构。在党委组织部设立自治区党建领导小组办公室秘书处，专门承担党建研究会秘书处职能，确保有人管、有人抓。

突出抓好功能体系建设，充分发挥职能作用。坚持在拓展职能、提档升级上下功夫，努力推动党建研究会向党建新型特色智库发展。承担"习近平总书记选人用人重要论述研究"等重点课题，开展首届"亮丽北疆·党建领航"基层党建创新典型案例征集评选和"我与祖国同行、我为党旗增辉"专题研讨征文，有力推动自治区党建工作深入开展。

突出抓好人才体系建设，吸引凝聚骨干力量。坚持多点发力、多方聚力，不断吸引集聚党建研究会智库建设所需的优秀人才。建立重点课题首席专家负责制，明确首席专家在课题研究、组织实施过程中发挥审核把关作用。加强特邀研究员队伍建设，作为党建智库建设中坚力量。加大兼职党建研究力量的培养力度，为党建智库建设提供人才补充。

突出抓好管理体系建设，着力提升工作效能。完善自治区党建研究会章程，进一步明晰指导思想、基本定位、研究方向和具体程序，确保各项工作规范有序运行。出台课题组织管理办法，从课题确定、申报、实施、评审、激励等方面，形成一套完整的课题管理机制。

突出抓好保障体系建设，为建设新型特色智库提供有力支撑。加强经费保障，探索形成多元化、多渠道、多层次经费筹措机制。加强软硬件基础设施建设，确保党建智库建设有阵地发挥作用。加强与自治区有关智库、基层党建案例数据库的对接，实现党建研究资源共享。

把党建智库优势转化为党建工作发展优势

湖南省党建研究会

湖南省认真贯彻落实《关于进一步发挥全国党建研究会党建高端智库作用的意见》，发挥党建智库优势，助推党建工作高质量发展。

突出服务大局，准确把握党建智库建设定位。紧扣贯彻落实习近平总书记关于湖南工作的重要讲话和重要指示批示精神等任务，认真研究新时代党的建设和组织工作重大理论与实践问题、重点热点难点问题，积极为省委和相关部门党的建设决策提供咨询参考。

狠抓课题研究，着力提高党建智库工作质量。紧扣中央和省委重大决策部署，紧扣经济社会发展实际需要，紧扣基层所急所想所盼，确定重点研究任务。围绕加强党的政治建设，研究政治建设考察的方法途径及与其他考察考核的关系，推动政治建设考察常态长效。"防治'为官不为'问题实践经验研究"，为出台激励干部担当作为制度措施作出有益探索。"坚持党建引领乡村治理不断提升基层治理体系和治理能力现代化水平"研讨，推动党建工作任务落到实处。

坚持资源整合，推动形成党建智库强大合力。从全省遴选优秀人才组成省级党建研究人才库，并聘请特约专家，储备湖南党建研究的骨干力量。充分发挥省委组织部研究室与党建所合署办公的优势、省委党建工作领导小组办公室及党建制度改革小组办公室联系省直重要部门的优势、省党建研究会联系各市州党建研究分会的优势，建立一批党建工作实践基地，及时收集党建动态信息。出台《湖南省党建研究会党建智库管理办法（试行）》《党建研究课题管理暂行办法》等制度，提高智库建设规范化水平。

注重成果转化，充分发挥党建智库参谋作用。坚持用好研究成果，提升党建智库影响力。将党建智库的最新成果，报送上级领导参阅，及时提供工作情况和决策参考。"组织工作如何服务精准扶贫问题研究"，推动出台组织部门服务脱贫攻坚"十项措施"。"贫困地区人才缺乏问题研究"，推动省委出台相关意见。"基层形式主义、官僚主义问题研究"等课题，推动整改群众反映强烈的突出问题。

（节选自：《党建研究》2021年第2期）

这篇交流材料选取了北京、内蒙古、湖南三个地方党建高端智库建设的典型经验，每个地方都现身说法：从"启发"的角度去梳理"经验"，从"体会"的角度去咀嚼"经验"。各个地方的经验各有各的特色，各有各的优势，在交流中碰撞，在碰撞中产生新的思路，从而推进党建高端智库建设。

汇报材料

汇报是下级向上级或个人向组织报告工作、反映问题、提出意见或建议的一项经常性工作。汇报材料是就某个时期的工作情况，或对某个问题的处理情况，进行系统、科学的归纳和客观的分析后，形成的反映工作情况或事件真实面貌的一种书面材料，是口头汇报的规范化、文字化形式。

一、汇报材料的特点

汇报材料只是一种应用类文体，不属于机关公文范畴，它有以下特点。

一是表达的直接性。汇报材料是用于口头汇报的书面文字形式。在语言的表达上，汇报材料的语言要朴实，要充分体现与人交流的语气，要注重以情感人、以事实感人。

二是行文的单向性。汇报材料是下级用于向上级单向汇报工作情况的书面材料。汇报材料中的内容，上级一般不会当面答复。即使汇报材料中确有需要上级解决的问题，有关内容也只能作为上级商讨、研究解决方案时的一种参考。

三是内容的融合性。汇报材料是"纸上谈事"，提供给上级的只是一种理性的认识。汇报材料往往包含全面的或某一方面的工作情况，是检查、考核、验收、观摩的前奏。"先听汇报，再下去看看""先交流经验，再现场观摩"等几乎成为通用的工作方法。

二、汇报材料的种类

在工作中用得比较多的汇报材料主要有以下三种。

一是综合性汇报材料多用于全面、系统地反映一个单位在落实中央和地方的政策法规、贯彻落实上级指示和重大会议精神、领导班子建设、全面建设等方面的情况。这类汇报材料的内容既有做法、成绩、收获，又有缺点、问题；既有经验体会，又有下一步打算；既有改进措施，又有意见和建议。

二是专题性汇报材料是就某一项工作的开展情况或某一方面的具体问题所进行的专门汇报。专题性汇报材料主要包括基本做法、存在的问题、意见和建议。

三是个人汇报材料多被个人用于总结和向组织汇报工作和生活情况。

三、汇报材料的结构

汇报材料一般包括标题、导语、正文三个部分。

（一）标题

汇报材料的标题主要有以下两种写法。

一是简洁式标题。这类标题由汇报单位、具体内容和文种构成，如"××市处级以上干部队伍建设情况""××局开展'不忘初心、牢记使命'主题教育活动的主要做法"。

二是自由式标题。此类标题适用于会议发言、交流体会、经验汇报等，没有特定格式，但主题要突出、有新意。

（二）导语

导语通常有两种写法。

一种是经验汇报材料的写法，即概括性地交代工作背景、主要做法、总体评价等。

另一种是最常见的写法，即陈述上级领导或机关布置的任务，表明本单位的态度，感谢上级领导或机关对工作的重视，营造一种热情、周到的气氛。

（三）正文

正文就是前面讲到的汇报材料的基本内容，是汇报材料的核心部分，是汇报材料撰写过程中的"重头戏"。正文通常采取以下三种结构形式来写。

一是"部分式"，即从横向的视角对要汇报的情况进行分析归纳，按其内在联系，将正文分成几个并列的部分来写，可以冠以小标题，或者标明次序。"部分式"写法分为四种：第一种，全文分成五个部分，即基本情况、成绩体会、存在的问题、下一步打算、意见建议；第二种，全文分成四个部分，即基本情况、主要做法、存在的问题、下一步打算；第三种，全文分成三个部分，即基本情况、经验教训、下一步打算；第四种，全文分成两个部分，即基本情况和做法为一部分，存在的问题和下一步打算为一部分。

"部分式"写法的好处是层次清楚、各部分内容相对独立，便于整体结构的安排。综合性汇报材料常使用这种写法。

二是"条文式"，即从纵深的视角，把汇报的内容分成若干条文来进行陈述和剖析，既有基本情况介绍，又有客观分析，还有结论，使材料结构显得紧凑。这种写法虽然容易引起听众的兴趣，但在写作中不好把握，容易造成内容上的混乱。

三是"综合式"。"综合式"是"部分式"和"条文式"的结合体。开头先写基本情况，中间主要写工作中的做法，最后写明工作中存在的问题。专题性汇报材料多采用这种写法。

四、汇报材料的范例

做实基层服务，"四位一体"创新社会治理

南通市崇川区委书记　吴旭

崇川区是南通市的主城区，"十二五"以来，经济总量翻番，

城市规模和品质也有了较大提升。但随着群众工作的不断深入，来自基层的种种隐忧和危机却时时困扰和警醒着我。

一是城市更大了，但服务群众的距离远了。现在一个城市社区平均 1 平方公里有上万居民，社区就十几名干部，下面居民小组又大多是空的，人少事多，与群众靠不近、贴不紧，服务做不实，关系也疏远了。二是人口更密集了，但引导群众的本领小了。居住小区虽然人口密集，但居民之间少了守望相助的人际交往，认同感、归属感下降，有时一条网络信息可能就会一呼百应，而我们却百呼不应。大家普遍感叹，群众工作的看家本领不灵了。三是社会更多元了，但凝聚群众的能力弱了。现在阶层分化，诉求多元，各种矛盾日趋复杂，但基层的组织动员能力弱化，协调各方利益矛盾时往往是孤军奋战，常陷入前后夹击的困境，有时甚至连做好事也得不到好效果。

针对上述问题，我们以党建为核、服务为本、法治为基、德治为魂，从基层基础做起，探索善治、法治、德治、自治"四位一体"的社会治理创新，具体有四个方面的做法。

（一）做实基层服务彰显善治。要做实基层服务必须有扎实的基层组织基础。主要落在三个"实"字上。一是党建引领的核心要强而实。健全社区党组织—邻里街坊党支部—楼幢党小组—党员中心户四级党组织网络；配强党组织书记，组织机关党员到社区报到参加双重组织生活，认领服务岗位。特别是今年上半年开展"大走访"，走访入户全覆盖，服务群众解难事，基层党组织核心作用进一步增强。二是社区服务的功能要全而实。2009 年以来投入 10 多亿元建设社区服务中心，106个社区实现600m²以上公共服务中心全覆盖，中心按"一校两厅四室"标准，配备60余项服务功能。从前年开始，建设2000m²左右升级版社区服务中心，进一步提升服务功能。三是邻里街坊的组织要细而实。从2012年开始，着眼做细网格、做实居民小组，按每300户左右组建了邻里828个、沿街每300米左右建立了街坊208个，并以设一个服务处、配一名专职社工、组一个理事会、建一支服务队、拨一笔经费"五个一"的要求，做实服务群众的最小单元。

（二）做优公共服务践行法治。依法治理是社会治理的基石，为社区营造良好的法治环境。重点抓好三个服务。一是全科化的便民服务。将区街两级72项公共服务事项全部下沉社区，社区设置全科服务窗口，全科社工持证上岗；全面推行党员干部群众事务代理制，让群众在最靠近的地方得到最需要的服务。二是综合化的执法服务。将城管、建设等9个部门143项执法职能和力量综合起来，沉到街道，落到社区，第一时间更有效地解决群众身边的烦扰事，中央编办现场会组织观摩推广。三是平台化的法治服务。社区健全"一办一委三室"法治服务平台，社区警务室达到国家一级警务室标准，为每个社区聘请一名执业律师每周到社区免费服务。首创的社会矛盾大调解形成品牌，快乐调解俱乐部、周末法庭、少年法学苑等一批社团平台为群众提供法制服务。社区治安安全感（98%）和法治环境满意率（96%）位居全省前列，刑事案发率连续八年下降。

（三）做强志愿服务倡导德治。把开展志愿服务作为倡导德治的主抓手。关键靠三方面支撑：一是靠社团支撑。2010年起大力推进志愿服务、兴趣爱好、参与管理三大类社区社团建设，现已有社区社团2214个，志愿服务队伍3200支，注册志愿者15.5万人；开展千家社团服务万户居民活动，开发服务项目600余个，每年服务超20万人次。二是靠典型引领。通过"一榜双评三讲"挖掘宣传身边典型，涌现出"孙爷爷谈心室""巾帼挽霞"等在全国有一定影响的先进典型。三是靠激励推动。开展公益社团助力计划，每年区财政对优秀志愿服务组织提供2000多万元扶持；出台《志愿者星级评定及嘉许办法》，实行公职人员志愿服务计时制。

（四）做精评议服务促进自治。把组织群众评议服务事项、评社区干部、选身边典型作为基层自治的主要内容。具体做到三个有：一是评议有团队。每个社区都组建群众评议团，既组织群众开展议事，又代表群众评价服务。今年以来就组织评议活动600余场次，议定社区民生实事480项、推举身边好人500余人次。二是议事有规章。制订群众评议实施细则，重点围绕群众关心的难点热点问题，采取群众点单—邻里议单—干部领单—社区评单—公示晒单"五单"法，每年在社区实施为民办实事项目1000多个。三是结果有运用。把群众评议结果与社区干部以及下沉人员的绩效考核挂钩，作为评先评优、职务晋升的重要依据，近年来群众认可度高的17名社区书记提拔到科级领导岗位。

这是一篇综合性汇报材料。该材料以"做实基层服务，'四位一体'

创新社会治理"为标题，直指汇报的主题；从善治、法治、德治、自治这四个方面，以及问题的处理，进行系统、科学的归纳和客观的分析，展现了真实的工作情况。

<h1 style="text-align:center">学习心得</h1>

学习心得是指工作或学习中的体验和领悟到的东西，也可以称作心得体会。学习心得是一种日常应用文，学习心得的篇幅可长可短，结构比较简单。

一、学习心得的种类

一是关于文件和领导讲话的学习心得。这种学习心得比较常用。认真学习文件出台和领导讲话的背景、意义，深刻理解文件和领导讲话中的新要求、新精神，结合实际提出贯彻落实相关要求和精神措施，心得对做好工作具有重要的指导作用。

二是关于工作实践的学习心得。这种学习心得注重对工作的思考和总结，以发现工作规律，提高工作质量。关于工作实践的学习心得一般分为对自身工作的思考和对他人经验的借鉴。

三是关于文章书籍的学习心得。阅读文章书籍是提高思想认识、增强工作能力、陶冶情操的重要方法。撰写关于文章书籍的学习心得，重点在于找出文章书籍中给自己触动最大的思想、理论和观点，并加以消化吸收，以便给工作、生活提供指导和帮助。

二、学习心得的结构

学习心得一般由标题、引子、正文、总结四部分构成。

一是标题。学习心得的标题一般有两种形式：一种是"学习××的心得体会"或者是"关于××的心得体会"；而如果学习心得的内容比较丰富，篇幅较长，则可以采用双行标题的形式，把学习心得浓缩为一句话作为大标题，小标题则采用第一种形式。

二是引子。引子也就是学习心得的开头，起到引出正文的作用。可以根据自己的情况来写不同的引子，如果你写的是学习英语的心得体会，那么开篇可以谈谈英语学起来有多难，但是找到了方法学习起来就不会那么费劲了。当然，你还需要根据自己的安排来写具体的内容。不过不管是什么样的引子，都要和后文连贯起来。

三是正文。正文部分需介绍学习方法，如果你写的是学习英语的心得体会，你就介绍自己学习英语的方法，写其他科目的同理，最好使用"首先""其次""再次"等词语把你想要表述的学习方法按照先后顺序写出来，使内容条理清楚便于阅读。

四是总结。最后需写上总结性的话语。我们可以通过对正文中的学习方法进行总结来收束全文，也可以对某个学科的学习提供一些建设性的意见，或者写一些鼓励性的话语。

三、学习心得的注意事项

一是避免同总结混淆。总结是对过去某个时期的工作、学习或思想情况进行回顾、分析，并做出客观评价而形成的书面材料；而学习心得强调的是工作或者学习中的体验和感悟，两者的重点不一样。

二是实事求是。学习心得贵在真实，在撰写学习心得的时候不虚夸、不作假、不无病呻吟，把自己在学习或者工作中的真实感受表达出来即可。

三是语言简洁。撰写学习心得的时候尽量使用简洁的语言进行叙述和议论。在此基础上，我们还可以适当地使用描写、抒情等表达方式及各种修辞手法，以增强文章的感染力。当然，简单修饰即可，不要本末倒置。

四、学习心得的范例

学习习近平总书记"七一"重要讲话精神心得体会

内蒙古自治区党委党史学习教育巡回指导组第十一组副组长　尹兆明

习近平总书记"七一"重要讲话，立足中国共产党百年华诞的重大时刻和"两个一百年"历史交汇的关键节点，全面回顾了我们党百年走过的光辉历程，高度评价了党团结带领人民为实现中华民族伟大复兴建立的历史功勋，精辟概括了党在百年奋斗中形成的光荣传统和革命精神，全面总结了党在百年奋斗中积累的宝贵经验和实践启示，系统阐述新征程上以史为鉴、开创未来的根本要求。

习近平总书记7300多字的讲话，高屋建瓴、视野宏阔、思想深刻、内涵丰富、意境深远，通篇贯穿着辩证唯物主义和历史唯物主义的世界观和方法论，是一篇闪耀着马克思主义真理光芒的光辉文献，是一篇新时代中国共产党人的政治宣言，是一篇新时代坚持和发展中国特色社会主义、实现第二个百年奋斗目标的行动纲领，对于全面建成社会主义现代化国家，实现中华民族伟大复兴的中国梦，具有极其重要的现实意义和深远的历史意义。下面，我从三个方面谈一下自己的学习体会。

一、深刻理解庄严宣告实现第一个百年奋斗目标的重大意义

习近平总书记"七一"重要讲话一开始就代表党和人民庄严宣告："经过全党全国各族人民持续奋斗，我们实现了第一个百年奋斗目标，在中华大地上全面建成了小康社会，历史性地解决了绝对贫困问题，正在意气风发向着全面建成社会主义现代化强国的第二个百年奋斗目标迈进。"

在中华大地上全面建成小康社会，标志着我们党兑现了向人民、向历史作出的铮铮诺言，标志着中国现代化建设又向前迈进一大步，标志着中华民族伟大复兴的历史进程完成了一个大跨越，在中国共产党奋斗史、新中国发展史、中华民族文明史上都具有里程碑意义，是中国对人类社会的伟大贡献。概括地讲，就是我国综合实力、治理能力、精神面貌的大跨越大提升，正在迈向"三高"：经济发展高质量，社会治理高效能，人民生活高品质。

如何理解"在中华大地上全面建成了小康社会"这一庄严宣告的重大意义，我认为应从"小康社会的提出""小康社会奋斗历程""小康社会的重要衡量标准"这三个方面来把握。

（一）小康社会的提出

"小康"一词最早出自《诗经》："民亦劳止，汔可小康。惠此中国，以绥四方。"用现代语义讲，小康社会就是"丰衣足食、安居乐业"

这8个字。1979年12月6日，邓小平同志在会见日本首相大平正芳时，首次用"小康"描述中国的发展愿景："我们要实现的四个现代化，是中国式的四个现代化。我们的四个现代化的概念，不是像你们那样的现代化的概念，而是'小康之家'。""小康"，这一饱含深厚文化底蕴、富有鲜明中国特色的美好愿景，由此成为中国现代化进程中的醒目路标，小康是中华民族对丰衣足食、安居乐业的恒久守望。

从解决温饱到达到小康水平，从小康之家到小康社会，从总体小康到全面小康，从全面建设到全面建成，全党全国人民锚定小康目标，中国人民的美好生活在实现小康的过程中不断拓展提升。尤其是党的十八大把全面建成小康社会放在四个全面战略布局的首位，把脱贫攻坚作为全面建成小康社会的底线任务和标志性工程，吹响了决战决胜冲锋号，经过持续奋斗、接力奔跑终于在中华大地上全面建成小康社会，历史性地解决了绝对贫困问题。

（二）小康社会奋斗历程

小康愿景是中国现代化进程中的一个阶段性目标，是中华民族伟大复兴中的重要醒目路标。

中国共产党百年奋斗历程，归结起来就是一个主题：实现中华民族伟大复兴。在此伟大征程中提出全面建成小康社会、基本实现社会主义现代化、建成社会主义现代化强国三大阶段性目标。概括为两个百年奋斗目标，即中国共产党成立100周年，全面建成小康社会；新中国成立100周年，全面建成社会主义现代化强国。

1954年，毛泽东同志提出工业、农业、国防、科技四个现代化目标。新旧中国的时间分界点，恰恰是20世纪中叶（1949年）。

毛泽东曾概括说："这个世纪，上半个世纪搞革命，下半个世纪搞建设。"革命是为救国，建设是为兴国，革命是为了解放社会生产力，建设是为了发展社会生产力，经济建设的目标就是实现四个现代化，最终实现国家富强和人民幸福。在毛泽东思想指引下，我国实现了社会主义革命和建设的伟大成就，实现了中华民族有史以来最为广泛而深刻的社会变革，实现了一穷二白、人口众多的东方大国大步迈进社会主义社会的伟大飞跃，为实现中华民族伟大复兴奠定了根本政治前提和制度基础，为中国的社会主义现代化实践探索了道路。

（节选）

这篇学习心得以"学习习近平总书记'七一'重要讲话精神"为标题，把学习心得浓缩成了一句话，以点明主题；接着以习近平总书记"七一"重要讲话开篇，然后结合百年奋斗的历史征程，实事求是地从三个方面谈了心得体会。

工作分享

通过工作分享，我们可以学习别人先进的经验，吸取别人的教训，学习别人的长处，弥补自己的短处；可以不断地完善自己，提高工作能力和效率。

一、工作分享的特点

既然是工作分享，就一定要输出精品。那么什么是精品呢？精品就是要有其先进性、典型性、代表性，可以供人学习、供人借鉴、催人奋进，让他人以分享者为榜样努力追赶。工作分享有以下特点：

（1）产生明显效益。分享可以带来效率大幅的提升并降低成本，如通过设计软件，可以将原来需要几小时才能做完的工作，在十几分钟内完成。

（2）人人可以掌握。这些经验和方法是大家可以快速上手或者复制的，不用耗费太多的培训成本。

（3）可以调整。这些经验和方法可以根据实际业务流程的变化而调整，也就是说触及了业务的本质，形成了一套方法论，而不仅仅是总结了一些工作技巧。

二、工作分享的结构

工作分享由标题、称呼、正文三个部分构成。

（1）标题按照"关于＋主题＋文种名称"的格式来写即可，如"关于××工作分享的讲话稿"。此外，直接将文章的主旨浓缩为一句话来做标题也是不错的选择。

（2）称呼往往根据写作要求而定，如为了在单位举办的座谈会上分享经验而写讲话稿时，称呼可以是"各位领导、同事"等。所以称呼不是一成不变的，而是要根据具体情况而定。

（3）正文分为开头、主体与结尾三部分。

工作分享的文稿开头交代背景，写清楚之前的处境及现在获得的成果，通过前后对比，更能衬托正文主体部分的价值。

主体部分主要写经验，经验即为积极做法。

正文的结尾部分写起来相对简单，可再次点明主题，并表达谢意，以收束全文。

三、工作分享的注意事项

关于经验和心得的分享有几个注意事项。

（1）要客观。经验和心得应该是客观的事实，不要捏造事实和数据。

（2）要谈正事。不要将抱怨和对别人的评判误当作某种"经验"或者"秘密"去分享，这只会让别人给你贴上一个"八卦"的标签，对提高自身影响力毫无作用。

（3）要有干货。通俗地说，就是文章要实，不能空，不能说空话、套话、废话，能用两三句话说清的，就不要用四五句话。

四、工作分享的范例

绿色医院运营标识申报工作分享
——以南京鼓楼医院为例

王伟航

1. 绿色医院的概念

绿色医院建筑是指在医院建筑的全寿命周期内以及保证医疗流程的前提下，最大限度地节约资源（节能、节地、节水、节材）、保护环境和减少污染，为病人和医护工作者提供健康、适用和高效的使用空间，与自然和谐共生的医院建筑。

绿色医院建筑是将可持续发展理念引入医院建筑领域的结果，是未来医院建筑发展的必然趋势。医院建筑是建筑中的耗能大户，开展绿色医院建筑评价，是有效引导医院建筑合理利用资源、节约能源、保护环境、改善医院环境质量的重要途径，对医院建筑的可持续发展具有重要作用，对我国节约资源和保护环境具有重要意义。

2. 绿色医院评价的标准及要求

2.1　绿色医院建筑评价标准

我国于 2006 年颁布了《绿色建筑评价标准》GB/T 50378，并于 2014 年进行了修订，建立了绿色建筑评价标准和管理办法，但此标准对于医院建筑评价的针对性不足，没有充分考虑到医院建筑的功能特点。近年来，我国绿色建筑标准体系进入领域划分更加细致、评价更加全方位的新时期，因医院建筑作为建筑中的能耗大户，其安全性能要求较高、医疗流程复杂、室内外环境要求严格，各功能房间资源消耗要求差别较大等特点，故我国于 2016 年颁布了《绿色医院建筑评价标准》GB/T 51153，作为现有绿色建筑评价标准的完善和补充。《绿色医院建筑评价标准》在指标设置、权重分配、框架构建、等级划分等内容上与《绿色建筑评价标准》GB/T 50378 基本保持体一致，但在具体条文内容设置上又重点突出医院建筑与一般公共建筑的不同点，在满足医院建筑功能需求和特殊要求的同时，实现绿色建筑的基本目标和要求，突出标准对医院特点的针对性和定性与定量相结合的可操作性，以便于指导医院建设单位和设计单位的应用。

2.2 绿色医院建筑评价的主要内容

绿色医院建筑评价对象以医院建筑为主，适当考虑其他医疗建筑；考虑到医院量大面广的改造建筑，既适用于新改扩医院建筑，也能适用于改造的医院建筑。

评价主要内容包括：总则、术语、基本规定、场地优化与土地合理利用、节能与能源利用、节水与水资源利用、节材与材料资源利用、室内环境质量、运行管理、创新。创新加分项的设立，鼓励符合绿色建筑理念的创新，这种设计可以补充权重体系的不足，确有创新的参评项目可以获得额外加分，使评价体系更趋于合理，对绿色建筑技术的发展具有重要意义。

绿色医院建筑分为一星级、二星级、三星级三个等级。三个等级的绿色医院建筑均应满足所有控制项的要求，且每类指标的评分项得分不小于40分。三个等级的最低总得分分别为50分、60分、80分。绿色医院建筑评价认证分为规划和运行两个阶段，设计阶段的评价在施工图完成后评价，运行管理阶段的评价在运行一年并达到设计规模后进行。

2.3 绿色医院评价的指标体系

（1）场地优化与土地合理利用

包括6项控制项、16项评分项和3项加分项，强调土地的高效利用和良好的生态环境。具体条文内容包含土地集约利用，地下空间利用，用地安全，保护环境，避免污染，用地卫生，无电磁、氡、有害物质；同时利用乡土植物，绿化等营造舒适的室外环境；特别强调在规划设计时做好医疗区、行政科研区、后勤保障区的科学规划与合理分区，急救车采用绿色通道设计等；传染病院、医院传染科病房、焚烧炉等考虑城市常年主导风向及对周边环境的影响并设置足够的防护距离。

（2）节能与能源利用

包括7项控制项、8项评分项和1项加分项。要求更高标准的节能设计、可再生能源建筑应用以及被动式节能技术的应用；兼顾围护结构和设备系统节能，被动式节能设计体现，日照、通风、采光、遮阳；鼓励可再生能源利用（地源热泵、太阳能光热及光电），鼓励余热利用等。

（3）节水与水资源利用

包括3项控制项、11项评分项和2项加分项。提倡高效用水及节水措施，节水器具，高效景观用水方式，鼓励使用较高用水效率等级的卫生器具；考虑到医院污水成分的复杂性，为确保用水安全，仅强调合理收集利用蒸汽冷凝水等优质杂排水。

（4）节材与材料资源利用

包括3项控制项、12项评分项和1项加分项。包括循环建材的使用、高性能混凝土和高强钢筋的使用、建筑工业化技术、结构方案优化设计；提倡采用对环境和资源影响小的结构体系；提倡可再循环材料、可再利用材料的使用；提倡施工装修一体化；使用本地建材，对建材的运输半径进行限制，特别是对医院建筑运行中所使用的化学品严格加以管理，避免对患者、员工、来访者以及周边社区造成健康危害。

（来源：节选自中国医学装备协会医院建筑与装备分会）

这篇工作分享以"南京鼓楼医院绿色医院运营标识申报工作"为例，分享了绿色医院要"最大限度地节约资源（节能、节地、节水、节材）、保护环境和减少污染，为病人和医护工作者提供健康、适用和高效的使用空间，与自然和谐共生的医院建筑"等几点经验，有特色、有新意、思路独特。

第八章
鉴定类文书写作要领与范例

鉴定材料

鉴定，顾名思义，就是鉴别和肯定。通过鉴别评定（确定）某个人的优缺点或某项事物的真伪优劣，形成的一种书面材料。

一、鉴定材料的种类

鉴定材料一般分为两种。第一种是对人而言的鉴定材料，称为个人鉴定材料（这里又包括两种，一种是自我鉴定材料，用第一人称；另一种是组织鉴定材料，用第三人称）。这种鉴定材料一般在年度终了或晋升、工作调动时写。

第二种是对物而言的鉴定材料，一般称为技术鉴定材料。

二、鉴定材料的写法

（一）个人鉴定材料

个人鉴定材料的标题比较简单，如"×××同志的鉴定材料"即可。个人鉴定材料的序言主要用于介绍情况，有的要写有的不写，如要写，可概括一下此人的基本情况，如从事什么工作、政治面貌是什么、业务能力如何等，然后引出后文。

第一部分主要写优点。这部分一般写以下八个方面的内容：①学习方面；②思想方面；③工作方面，包括工作态度、工作质量等；④完成任务的情况方面；⑤劳动方面；⑥开展批评与自我批评情况方面；⑦团结同志方面；⑧生活作风方面；等等。

第二部分主要写缺点。要从主要方面来写，概括性地写两三条即可。因为一个人一般都是优点占多，所谓七分成绩，三分缺点；八分成绩，二分缺点。所以在鉴定材料里，缺点不能写得过多，否则会影响情绪、影响团结、影响工作。

（二）技术鉴定材料

技术鉴定材料的主要作用是对科技成果进行技术鉴定，给科学研究做总结，使得科技成果经过技术鉴定得到认可，以保证其质量，有利于科技成果的推广和创新，从而促进科学技术的发展，为国民经济的发展作贡献。

技术鉴定材料由封面、内容简介等部分组成。封面包括成果名称、完成单位、鉴定形式、组织鉴定单位、鉴定和批准日期。

内容简介主要包括：任务来源；应用领域和技术原理；主要性能指标；与国外同类技术比较，说明成果的创新性、先进性；推广前景及经济效益预测；鉴定意见，包括鉴定委员会意见、主持鉴定单位意见、组织鉴定单位意见；主要技术文件目录及提供单位；主要研究人员名单；鉴定委员会人员名单；科技成果登记表。

三、鉴定材料的写作要求

鉴定材料的写作要求主要有五点：

（1）要坚持实事求是的原则。这是鉴定材料的写作要求中最重要的一点，鉴定材料应该有一说一、有二说二，不夸大、不贬低，不哗众取宠。

（2）说话要肯定，要有分寸。

（3）观点和材料必须一致，用事实说话，力求说明观点。

（4）要有两点论，不能一点论，切忌片面性。要在肯定优点的同时指出缺点。

（5）鉴定材料要写得短小精悍、简明扼要。

四、鉴定材料的范例

×× 同志的鉴定材料

按照 ×× 统一安排，×× 同志于 2012 年 5 月到 ×× 市人民政府工作，担任 ×× 市市长助理一职，主要协助常务副市长分管发展和改革、旅游产业发展、物价管理和重大项目推进等工作。一年来，该同志把 ×× 当做第二故乡，牢记组织的重托，认真履行职责，工作上积极主动，充分发挥在中央部委工作的优势，全力以赴上项目、争资金，搞好上下沟通衔接，较好地完成了各项工作任务，得到了各级领导和大多数干部群众的肯定和赞誉。该同志主要有以下特点：

一、政治素质好，思想觉悟高，有很强的进取精神

××同志任职××市市长助理期间，能够将理论结合实际，进入角色快，工作能力强，体现了良好的综合素质。

一是认真开展调查研究，进入工作角色快。为全面了解××经济发展状况，尽快进入工作角色，××同志始终把围绕我市中心工作开展调查研究作为出发点和落脚点，深入乡镇、部门、重点企业和项目建设一线，进行走访调研，熟悉基层工作，了解民情民意，倾听群众对××发展的建议和呼声，谋划具体工作思路，在较短的时间内对××的经济社会发展基本情况和未来发展思路有了全面了解，并提出多项合理化意见和建议，为领导决策提供了参考。

二是酷爱学习，知识面广，视野开阔。下派到××工作后，无论工作多忙，他都坚持学习。一年来，他阅读了很多关于政治理论、经济、改革开放方面的书籍，写了3万多字的读书笔记。特别是为了掌握关于促进县域经济发展的基础知识和工作方法，该同志虚心向基层的同志求教，同时与有关部门的负责同志对××市情和相关政策法规等进行深入探讨，取得了良好的学习效果。××同志把基层当成一个大课堂，在工作中用心去观察，留心去体会，增长了经验和学识，开阔了眼界，获得了做好工作应具备的能力和素质，工作能力和水平得到不断提高。

二、工作思路清，创新意识强，工作成效显著

××同志到××工作后，按照市委、市政府的统一安排部署，结合自身特长，发挥自身优势，全力以赴抓好分管工作，各项工作

取得了明显实效。

一是发展改革工作成绩显著。××同志虽然分管发改工作时间不长，但他充分发挥对中央部委工作比较熟悉的优势，先后多次与发改委各司局、外交部、财政部、商务部、农业部等中央部门沟通联系，为推动××高速公路、××水电站、边境经济合作区等重大项目快速启动做出了积极的贡献。同时，经过与发改委西部司、外交部、商务部等部门的协调沟通，成功将××划为享受西部政策的试点地区，为××长期发展打下了坚实的基础。××同志不断研究如何将××的参药、旅游、矿产等特色资源与国家和省出台的相关政策对接，带领发改部门积极进京赴省沟通衔接，围绕基础设施建设、人参、五味子、葡萄等方面谋划出符合政策投向的好项目。

二是物价管理工作有新突破。××同志善于将以往的工作经验与××当地实际相结合，创新工作方法。他把在全国价格工作过程中积累的好思想、好方法积极运用到具体的价格管理工作上，始终把最重要的民生利益摆在首要的位置来开展工作，重点加强了价格决策过程中成本调查监审、横向价格政策调研比较、听证会组织、涉农价格收费监督检查等与社会发展和人民利益息息相关的工作。在价格调节基金的使用上，他反复研究、认真思考，最终确立了从传统的向超市、商店等销售终端补贴调整到向生产基地、销售终端和低收入群体三位一体的调节模式，进一步优化了价调基金对××价格的调节和对民生的保障作用。

三、作风扎实，严于律己，群众威信高

××同志兢兢业业，到××挂职锻炼以来，能以认真负责的工作态度、雷厉风行的工作作风，脚踏实地开展好各项工作。

一是谦虚谨慎，善于协调配合。××同志在挂职锻炼期间，谦虚待人，处事谨慎，遇事与同事互相商量，处理各种关系比较到位。平时注意与乡镇和市直部门加强联系，经常沟通走访，增进了解。对需要出面协调的工作，能恰到好处地给予协调和帮助，主动衔接，亲自安排落实，从而取得了良好的效果。

二是严以律己，善于搞好团结。××同志挂职期间在日常工作中，能认真贯彻民主集中制原则，大事讲原则，小事讲风格，宽以待人，严以律己。与班子成员能做到心往一处想，劲往一处使，积极主动做好沟通，互相补台不拆台，妥善处理工作中出现的矛盾。虚心接受组织、班子成员和群众的监督，有效维护了班子的团结。

这是一篇个人鉴定材料。该材料主要写了××同志的优点，分别从思想政治方面、工作思路方面、工作作风方面分条陈述。每个方面都有一个观点，每个观点后面列举了相应的例子来证明，如"先后多次与发改委各司局、外交部、财政部、商务部、农业部等中央部门沟通联系，为推动××高速公路的建设"；并且点到为止，既说明了问题，也没有给人带来冗余之感。

考察材料

考察材料就是党政机关、企事业单位等用于考察干部的材料。它以文字形式陈述被考察者一个时期内在德、能、勤、绩、廉方面的表现。

一、考察材料的特点

（1）突出政治标准。无论是工作，还是撰写考察材料，政治标准都需要排在第一位，从而充分体现出党管干部的原则。政治思想也是在选人用人的过程中需要着重考察的因素。因此在写作中，此方面内容应占有一定的篇幅，考察材料不能只着重阐述工作能力。

（2）注重能力素质。此部分具体要展示干部个人的领导水平、工作能力、专业素养、理论水平等方面的情况，如有没有做出过突出贡献，在工作中是否具有亮点等。此处建议列举实例，此外，所选用的实例必须客观适宜。

（3）反映工作作风、廉洁情况。要重点表现干部个人在群众中、单位里有没有良好的口碑，是否团结同志，有没有懒散的习气，能否自觉遵守领导干部廉洁自律的规定，是否能从一而终地践行廉洁从政的要求，如作风扎不扎实、责任感够不够强和是否敬业等。

（4）略显个人不足。不足当然也需要写明，但只需一笔带过并以实例佐证即可，并非文章的主要内容。

二、考察材料的结构

考察材料通常由标题、基本情况、主要表现、落款四部分构成。

（1）标题一般为"×××同志考察材料"。

（2）基本情况部分需概括考察对象在某一时期内的表现，要求有依据，表达准确、明晰。

（3）主要表现是考察材料的主要内容。要根据干部的德才表现、工作实绩和主要特长，对照当前岗位的职责要求，综合反映其能力素质；既要肯定其优点和长处，也要反映其缺点和不足，还要反映民主推荐情况或民意测验情况。

（4）落款。指材料中末尾的发文机关名称、印章和成文日期。

三、考察材料写作的注意事项

通俗是考察材料的语言要求。作为通过文字表现的考察材料，语言表达要简明，切忌冗长烦琐。同时，语言应合乎语法规范，合乎逻辑，做到朴实简练、易读易懂、不堆砌辞藻。在写作中，应避免以下问题。

一是前后说法矛盾。有的考察材料开头说"该同志理论基础扎实，作风民主"，而后面谈到问题时，又说"该同志理论水平不高，搞一言堂"等，前言不搭后语，让人不知所云。

二是结构混乱。按照干部任职条件，以干部的表现为依据，以干部的德能勤绩廉为主干，以干部的任职时间顺序为线索，运用"首句标其目"的手法，使考察材料层次更为清晰、内容更为集中。

三是用词不当。一些已过时的或已被禁止使用的描述考察对象的语言，不应在考察材料中出现，防止产生歧义。当前，随着干部考察内容逐渐丰富，干部考察材料的撰写在表达方法上应有所创新，在表述上应注重生动鲜明，讲究语法修辞，多用生动直观、易于理解的词句。对在考察过程中收集到的统计报表、荣誉证书等反映干部重要情况的资料，可以以图表、照片、音频等形式直接表现，发挥其与文字材料相互补充、相互印证的作用，使考察材料化平淡为生动。

四、考察材料的范例

×××同志考察材料

×××，男，汉族，生于××××年××月，××省×县人，中共党员，硕士研究生学历，××××年××月参加工作，现任××××。×××同志在工作期间表现如下：

一、立场坚定，对党忠诚，思想政治觉悟较高

该同志能够以党员标准严格要求自己，始终高举中国特色社会主义理论伟大旗帜，在思想上、行动上与党中央保持高度一致。对党忠诚，政治可靠，头脑清醒，在贯彻党的路线、方针和政策上，旗帜鲜明、立场坚定、态度坚决。遵守党的纪律，积极参加党组织活动，严守党的秘密。

二、勤于学习，积极进取，科学创新意识较强

该同志始终把学习放在突出位置，自我加压，始终保持强烈的进取精神，向书本学习、向实践学习、向领导和其他同志学习，不断提高政策理论水平和工作能力。该同志注重政治理论、中央重大决策部署以及业务知识的学习，不断深化对党的十九届六中全会精神、科学发展观和中央重要路线、方针、政策的认识；坚持学以致用、学用相长，积极探索岗位工作的特点和规律，经过长期的工作历练和知识积累，理论联系实际的能力不断增强，创新意识不断强化，创新能力不断提升。同时，作为干部，该同志非常重视××后备人才的培养，能够言传身教，主动指导帮助、引领、激励新同志。

三、敬业实干，成绩突出，业务开拓能力较强

该同志有强烈的事业心和责任感，工作尽职尽责、兢兢业业，坚持高标准、严要求，精益求精。该同志思维敏锐、能力突出，发展全面，勇于开拓，在困难面前敢于顽强拼搏、迎难而上，在担任××期间分管××工作，在健全××工作架构、提升××和××方面发挥了重要作用，牵头完成××专项调研工作，多次率队深入××开展××工作，牵头拟定多份重要工作文件，工作能力和工作实绩得到领导及同志们的肯定。该同志能够对经办的工作，坚持事前充分准备，事后及时总结，吸取经验教训，把握内在规律，不断提高工作水平。参加工作以来，该同志先后获得××××荣誉。

四、严于律己，作风优良，群众口碑较好

该同志为人正直、待人坦诚，严于律己、团结同志。能摆正自己的位置，识大体、顾大局，行事低调谨慎。工作任劳任怨，全身心投入。上级交办事项立说立行，讲质量、重效率。从不计较个人得失，经得住清苦，耐得住寂寞。严格遵守法律法规及各项规章制度，洁身端行，恪守本分，清清白白做人，干干净净做事，自觉抵制官僚主义、形式主义、享乐主义和奢靡之风，带头践行××××核心价值观，受到人民群众的一致好评。

五、主要不足

工作上偶尔有急躁情绪。

××××单位（盖章）

××××年××月××日

这是一篇干部考察材料。这篇考察材料主要写了优点，分别从思

想政治觉悟较高；勤于学习，积极进取，科学创新意识较强；敬业实干，成绩突出，业务开拓能力较强；严于律己，作风优良，群众口碑较好四个方面进行了陈述。全篇突出了政治标准，注重了能力素质，反映了工作作风，不足之处则一笔带过。

评审意见

评审意见，顾名思义，就是要指出某项工作的优点与不足，然后根据优点与不足给出评价或评分，最后作为专家给一些指导意见和建议。

一、评审意见的写法

评审意见由标题、正文两部分组成。

（一）标题

标题一般由发文机关、事由和文种构成，如"关于《××××××××××建设方案》的评审意见""关于《××××××××××新区发展规划》的专家评审意见"等。

（二）正文

正文是评审意见的重点部分，可以分为以下三部分。

（1）开头。开头简要阐明提出问题的缘由，或说明写作目的，或交代背景。最后一句通常是承上启下的过渡句，自然引出主体内容，常用句式有"……特提出如下意见""现就……，形成如下意见"等。

（2）优点及肯定。对方案的总体评价一般包括是否符合当下行业的发展政策，是否对所在行业产生积极有效的影响，该方案是否符合要求，以及该方案的价值。

（3）不足及建议。这一部分需阐明关于贯彻落实某项工作或解决某个问题的不足及具体意见，具体是指发文机关就重要问题提出的见解和评分，包括开展某项工作的目标和任务、原则和政策、措施和要求等。这部分内容一般采用标序列述的写法，原则是要把不足及建议条理分明地表达清楚。一般来说，评审意见会涉及多个问题或某一问题的多个方面，所以往往采用并列结构的形式表述。

二、评审意见写作的注意事项

（1）评审意见需要有客观事实作为支撑。评审意见如果内容空洞，就会既无说服力，也无法为方案的改进提供实质性的帮助。

（2）结论明确，不能含糊其词。优点予以肯定，不足之处予以指出。不要模棱两可，含糊其词。

（3）准确性。一是评审意见中的各类数据要准确。数据准确的前提是计算要准确，尤其是核增数或核减数更要注意仔细核对。二是评审意见的语言表达要准确，忌用似是而非、别人难以理解的语句。

三、评审意见的范例

关于《东营市 2016 年度市级预算执行和其他财政收支审计查出问题整改情况的报告》的初审意见

市人大财政经济委员会

（2017 年 12 月 14 日）

根据市八届人大常委会第 7 次会议议题安排，市人大财经委、常委会预算工委对市政府关于《东营市 2016 年度预算执行和其他财政收支审计查出问题整改情况的报告》进行了初步审查。期间，常委会分管领导组织对审计整改情况进行调研，听取了市审计局关于整改工作情况的汇报；对市财政局等 5 个重点整改部门的整改情况进行了调查，就有关问题做了具体深入了解；对报告的内容进行了规范。

审查认为，市政府及其有关部门对审计整改工作高度重视，认真落实人大常委会审议意见，研究制定整改措施，整改工作取得了较好的效果。今年的整改报告重点更加突出，报告形式更加规范，报送资料更加翔实。截至目前，审计工作报告反映的 24 类 47 项问题，已整改完成 30 项，占总数的 63.8%，完成整改金额 16.68 亿元，占应整改金额的 77.03%，其他 17 项问题的整改工作正在积极推进，部分情况比较复杂、一时难以整改到位的，也都制定了整改措施和时间表。通过整改，上缴财政各类资金 3509.95 万元，盘活存量资金 6420 万元，挽回经济损失 200.54 万元，促进拨付到位 2221.39 万元，制定完善规章制度 27 项。

同时，审查也发现审计整改工作中，还存在一些问题和不足：整改工作协同推进力度不够，联动机制尚未建立，有些问题没有从根源上研究解决措施；个别部门重视程度不高，积极性主动性不强，一些问题整改还不到位；审计整改成果运用不充分，"屡审屡犯""屡改屡犯"等现象还不同程度地存在。

为此，提出以下意见建议：

一、强化措施，加大力度，进一步推进整改责任落实

要进一步提高对审计查出问题整改工作重要性的认识，认真落

实市人大常委会《关于改进审计工作情况和审计查出问题整改情况向市人大常委会报告机制的意见》，建立统筹协调的审计整改工作机制，对审计查出问题整改工作进行专题研究部署，从更高层面推进审计整改工作落实。市审计部门要进一步发挥牵头作用，对审计查出问题进行梳理归类，对需多个部门协同整改的问题，及时向市政府汇报，统筹研究整改措施。被审计单位是整改的责任主体，要切实增强第一责任人意识，提高自觉性和主动性，加大力度，严格执行审计决定，认真整改查出问题，积极采纳审计建议，及时公开整改进展情况，主动接受社会监督。

二、尽快建立审计整改联动工作机制，进一步提高整改质效

要建立健全审计整改联动机制，加强审计机关与纪检监察机关、组织、人事、财政、税务、国有资产管理等部门的工作协调配合，协同推进审计整改工作。对审计发现的典型性、普遍性、倾向性问题，要认真研究，分析原因，有针对性地制定措施，完善制度加以规范约束，从根本上杜绝问题再次出现。对涉及体制机制等方面的问题，要加强研究分析，尽快推动改革。审计部门要建立整改工作台账，对整改问题实行动态管理，并适时开展审计"回头看"，确保改到位、不反弹；对整改落实不到位、不彻底的，要明确时限要求，定期进行督促调度，确保问题得到全面整改落实。

三、加强审计成果运用，进一步提升预算工作水平

要围绕构建长效机制，大力推进审计成果有效运用，坚持问题导向，强化整改落实，做到解决一个问题、堵塞一个漏洞、建立一套制度，从而不断规范预算执行，提高预算绩效，提升财政预

算整体工作水平。完善和落实审计问责机制，对措施不力导致整改不到位，问题多发、屡查屡犯的，要严明财经纪律，依法依纪追究相关单位和人员的责任。要将做好审计整改与加强预算管理工作结合起来，将整改工作的成果及时运用到2018年预算编制工作中，在科学编制预算、加强项目库建设和项目预算绩效管理、完善转移支付管理制度等方面进行有效探索实践，努力提高预算管理水平。

这篇评审意见以强有力的数据支撑，说明了市政府及其有关部门对审计整改工作的高度重视，但同时指出了问题和不足，结论明确，不含糊其词；最后提出意见和建议，具有一定的指导性。

检查意见

检查意见是指通过对阶段性的活动和成果进行评价和诊断，肯定成绩、发现问题，纠正偏差，从而形成的意见。

一、检查意见的种类

检查意见可分为以下三类。

（一）结论性意见

结论性意见虽然没有指示、批复那样明显的指导性，似乎只是对某项工作提出意见，可它实际上也是一种结论性很强的文书。

（二）针对性意见

针对性意见有着较强的针对性。它根据现实的需要，针对某一重要的问题提出见解或处理意见。例如，我国在提倡开展素质教育以来，中小学的现有教育技术装备不能满足素质教育的需要，教育部就及时加强对这一工作的检查。这些检查意见对于解决目前存在的问题起到了积极的作用。

（三）建设性意见

建设性意见用于根据工作规定的目标和任务，就开展和推动某方面的工作提出初步的设想和打算。

二、检查意见的结构

检查意见通常由标题、正文两部分组成，有的还有附件，但一般没有尾部。其写法如下。

（一）标题

标题一般由发文机关、事由和文种构成，如"××××年药品检查意见""××××关于加强反假货币工作的检查意见"等。

（二）正文

正文由以下几部分组成。

（1）检查的原因、目的。要写明是例行检查还是遵照上级指示的专项检查，以及检查所要达到的目的是什么。检查组人员名单、职务等情况也要交代清楚。

（2）优点。检查中发现的好的方面要说明，并加以肯定。但这不是文章的重点，所以所占篇幅不能太长。

（3）不足之处。要实事求是地反映情况，不能怕得罪人，否则就达不到检查的目的了。不足之处是要重点阐述的。

（4）原因分享。写明存在问题的具体原因，客观原因要写，主观原因更要写。这是以后追究责任的依据。

（5）整改措施。这部分内容主要由被检查的单位提供，可以反映他们对工作中不足的认识和具体的改正措施。这也是检查所要达到的最终目的。

三、检查意见的范例

市人大常委会执法检查组关于检查我市《中华人民共和国固体废物污染环境防治法》贯彻实施情况的报告

《中华人民共和国固体废物污染环境防治法》（以下简称《固废污染防治法》）是我国生态环保领域的一部重要法律。防治固体废物污染，是生态文明建设和环境保护工作中不可或缺的重要一环。为贯彻落实习近平总书记生态文明思想和党中央重大决策部署，市人大常委会对我市实施《固废污染防治法》情况进行了执法检查。

一、执法检查的总体情况

市人大常委会组成了由王健副主任为组长、部分常委会委员、环资委委员和人大代表为成员的执法检查组。7月19日，召开会议，部署执法检查工作，听取了市生态环境局、市工业和信息化局、市城乡建设局、市交通局等15个部门的工作汇报，并开展了法律知识问卷调查。7月22日，执法检查组实地检查了陵园北街垃圾收集站、市医疗废物处置中心、大辛生活垃圾焚烧发电场等场所生活垃圾、工业固废、医疗废物的处置情况。执法检查组认为,《固废污染防治法》施行以来,特别是2020年新修订以后,市政府及有关部门按照法律规定,有序开展固体废物污染防治工作,取得了明显的成效。

(一)固废处置能力全面提升

生活垃圾方面,建成3个焚烧发电项目并全部投入运行,日处理能力7500吨,实现日产日清;建筑垃圾方面,建成1座建筑垃圾资源化利用处理厂,年处理能力100万吨,另有4处建筑弃土消纳场;医疗废物方面,现有1家医废处置单位,日常稳定处置能力60吨,能够满足突发疫情和周边城市协同处置要求;危险废物方面,全市危险废物利用处置单位8家,年利用处置能力21.7万吨,除废铅蓄电池、废脱硝催化剂等存在缺口外,实现了处置能力与产生量相匹配;农业固体废物方面,2020年各项指标均超过国家标准。

(二)固废管理水平有所增强

通过学习贯彻《固废污染防治法》,进一步明晰了市和区县(市)政府以及相关部门职责,有效推进医疗废物、市政污泥、建筑垃圾、生活垃圾、农村畜禽、塑料包装物等方面行业监管工作。通过制定并印发《沈阳市危险废物等安全专项整治三年行动实施方案》《沈阳市关于进一步加强塑料污染治理的实施方案》《2021年沈阳市畜禽粪污资源化利用专项行动工作方案》等政策制度,建立常态化管理机制。全面应用固体废物管理信息系统,开展全市危险废物在线申报登记、管理计划在线备案等日常管理工作。

（三）固废防控体系不断完善

有针对性地开展固体废物专项整治执法行动，年初以来，共查处违法案件127件，有力地打击了固废环境违法犯罪行为。建立医疗废物应急处置机制，逐步形成了覆盖全市、满足日常和应急需求、收存运处全过程管控的医疗废物监管体系。积极构建建筑垃圾综合治理体系，初步实现建筑垃圾有序排放。

二、《固废污染防治法》贯彻实施中存在的主要问题

（一）宣传教育仍然不够到位

开展《固废污染防治法》的学习、宣传、教育、普及工作还不够全面，重要时间节点宣传多，经常性宣传不够；法律法规宣传多，具体指导实践少；宣传方式比较单一，宣传效果不够明显。

（二）固体废物处置任务艰巨

污泥处置能力短板突出。目前全市污泥产生量约为1587吨/日，我市污泥处置企业实际处置能力约500吨/日，大部分污泥只能通过招标外委处置，存在环境安全隐患；建筑垃圾处置有待加强。全市只有北部一个资源化处理厂，虽然有能力处置全市产生的建筑垃圾，但是存在南部地区运输成本过高的问题；农业固体废弃物回收利用亟待加强。农村生活垃圾仍采用填埋处置方式，普遍存在污染扰民现象。

（三）监管治理水平与固废防治需求不相适应

监管部门联动效应不强。跨部门、跨区域联防联控体制机制尚未有效形成，实际工作中部门配合不够、政策协同不足、法律落实不到位等现象较多；部分企业主体责任落实不到位。存在认识不够、投入不足、管理能力薄弱、技术落后、专业人员匮乏的现象。

三、意见和建议

（一）提高政治站位，推进《固废污染防治法》的贯彻落实

深刻理解防治固体废物污染是一项意义重大、过程复杂的系统工程，必须从生态文明建设和经济社会可持续发展的全局出发，推进固体废物污染防治工作。要充分认识环境保护工作的整体性，协同推进固体废物和大气、水、土壤污染防治，切实有效遏制环境污染。

（二）落实监管责任，大力提升固废污染防治水平

完善固体废物管理相关法规体系，适时出台建筑垃圾资源化、危险废物、医疗废物、污泥处置管理条例等地方性法规规章。探索建立跨部门、跨区域联防联控体制机制，加强部门间的协调配合，信息共享，形成工作合力。加大对违法行为的监管和惩处力度，通过经常性的固废专项检查活动，依法严肃查处违法处置危险废物等行为，实现固废处置的安全化和规范化。

（三）加快项目建设，破解固体废物污染防治难点堵点

加快推进危废填埋场二期扩建、恒泰废酸综合利用等项目建设，尽早启动厨余垃圾处理、市政污泥及管道污泥资源化利用和南部污泥处置等项目。尽快完成沈阳市医疗废物集中处置中心扩建工程，进一步加强对全市医疗机构监管，尤其是涉疫定点医院等医疗机构的医疗废物管理。结合我市发展实际需求确定建筑垃圾资源化利用设施建设方案，按照远近结合、全市统筹的消纳原则，合理调配建筑弃土。

（四）加大宣传力度，形成全社会齐抓共管的良好氛围

要认真落实"谁执法谁普法"责任制，通过报刊、电视和网络等媒体和平台，广泛、深入、持久地开展全民环境宣传教育。督促

各类企业切实担负起主体责任，切实履行污染环境防治责任制。充分发挥新闻媒体的舆论监督作用，宣传先进典型，公开曝光环境污染典型案件，形成全社会齐抓共管的良好氛围。

这篇检查意见开篇"防治固体废物污染，是生态文明建设和环境保护工作中不可或缺的重要一环"交代了检查的原因；接着写执法检查的总体情况，肯定了成绩，突出了优点；然后从三个方面交代了存在的主要问题；最后提出了意见和建议。本文不失为一篇结构完整的典型的检查意见。

序言

序言是介绍或评述一部著作或一篇文章的文字，也叫作"叙"，或称为"引"，是说明书籍著述或出版旨意、编辑体例或作者状况等的资料，也包括对作者的评论和对有关问题的阐明。序言在古代多列于书末，称"跋"，也叫作"后序"，二者体例略同，因此合称序跋文。

一、序言的特点

（1）从序言的作者来看，序言可以由原作者自己来写，如欧阳修的《伶官传序》；也可以请别人来写，如孙中山的《〈黄花岗七十二烈士事略〉序》。

（2）从内容上看，序言的内容宽泛，可对原作的内容作说明，也可不作说明，如文天祥的《〈指南录〉后序》就未涉及《指南录》的内容。

（3）从表达方式上看，序言可叙事、可议论、可抒情，需根据写作目的来确定使用何种表达方式，甚至可以综合运用多种表达方式，如毛泽东的《〈农村调查〉序言》以议论为主，《〈胡同文化〉序言》则以说明为主，房龙的《〈宽容〉序言》则以平静的语气叙述了一个寓言故事，《〈呐喊〉自序》就运用了记叙、议论等多种表达方式。

二、序言的种类

序言分为自序、他序和代序三类。

（1）自序是作者为自己作的序，一般用来说明编写该书的意图、所用的资料、全书重点及特点、适合阅读的对象、编写过程及状况、编排及体例、适用范围、给读者的阅读推荐、再版书的修订状况，介绍协助编写的人员，以及致谢等。它的标题一般用"序言"或"序"，比较简单的自序有时也用"前言"作为标题。

（2）他序指作者邀请知名专家或组织编写本书的单位所写的序言，一般用于推荐作品，对作品进行实事求是的评价，介绍作者或书中涉及的人物和事情。它的标题用"序"或"序言"，文后署序言的作者的姓名。

（3）代序指放在书籍、著作前面用来替代序言或引言的文章。

三、序言的写法

序言的写法涉及以下三点要求。

（1）悟意。悟意就是要领悟编写这组文章或这本书的缘由和意图。因此，序言的作者落笔前必先了解、掌握这些，然后再开始写序言。

（2）选点。所谓"选点"，就是确定序言写作的要点。序言不是泛泛而谈，不用面面俱到，而应抓住并突出"要点"。与其多方面地随意泛谈，不如选取其中的要点，对其加以分析说明。

（3）引发。"引发"就是由此及彼地进行联想与延伸。序言应使读者联想到书中深层次的内容和思想。我们不能让读者读到序言之后就完全被它俘虏，也不能让读者因为这样一篇文章而封锁了自己的思维。序言只是铺垫，需引起读者阅读的兴趣。

四、序言的范例

鲁虹：《中国当代艺术史 2000—2019》序

2011 年 11 月，当我与上海书画出版社签订出版《中国当代艺术史》一书的合同时，是将该书时间的上限定在 1978 年，而将时间的下限定在 2008 年。为了写这本书，我曾用十年多的时间做了必要的准备工作，即在国内几家出版社的支持下，不仅分别主编出版了从 1979 年至 2009 年的三本《中国当代艺术图鉴》，而且还分别出版了四本与中国当代艺术史相关的提纲式书籍。

但是，在 2013 年 11 月由上海书画出版社正式对外推出该书时，我却将下限改成了 1999 年。为什么会做出如此大的变化呢？应该说，其中有两个原因：第一，由于我写到 1999 年时，已经超过了出版社所规定的字数与印张数，再也无法装入更多的文字与图片内容。

第二，也是最主要的原因，即我认为 21 世纪的中国当代艺术创作发生了很大的变化，需要以更多的版面去处理。在征得出版

271

社的同意后，我将下限改至 1999 年，并将此后的内容放在了本书来撰写。当然，这样做的最大好处是可以让我在写作上更加从容。

所幸，过后我还得到了"国家当代艺术研究中心"在写作经费上的大力支持。本来，按照原定计划和相关协议，我应该于 2016 年底前交稿，但因为 2014 年以来我一方面要忙于武汉合美术馆的相关事务，另一方面还在为湖北美术出版社主编六卷本的《中国当代艺术全集 1978—2008》，虽然我利用业余时间一直断断续续地撰写本书，还是使交稿的时间一拖再拖。

后因和上海书画社签订的合同，务必于 2020 年 5 月底交书稿，故我年初就计划于春节期间集中精力写完本书，不巧赶上了新冠肺炎疫情只能宅在家中，这也在客观上帮助我完成了任务。

如今终于能够交稿，就像突然卸下了压在身上的重负一样，感到无比轻松！下面简要介绍一下我写作本书的大体思路：在第一章中，我从七个不同的方面简述了中国当代艺术在 21 世纪所面临的情境因素，其中包括官方艺术机构对当代艺术的介入；民间艺术空间与艺术区的大量兴起；艺术市场的利与弊；全球化与本土化的交织；宣传媒体出现的新变化；艺术批评遭遇的尴尬处境；"再中国化"的历史大趋势。

在我看来，这七个重要的情境因素已经明显影响了中国当代艺术在 21 世纪的发展。如果对其不加以必要的了解，读者就很难全面地了解中国当代艺术在 21 世纪的整体发展情况，更不可能真正切实地把握具体作品。

在此特别强调一下，第七小节所谈到的"再中国化"问题在很大程度上是本书写作的核心概念，也正基于此，我在以下各章节中分别谈到不同种类的艺术作品时，都会结合对于新、老传统资源的借鉴或介入现实的问题进行评介。

第二章与第三章是本书的主体部分。前者重在介绍曾被人们划在"另类艺术"范畴里的影像艺术、装置艺术、行为艺术与综合媒介艺术等；后者则主要围绕传统媒介的当代转换而展开。事实上，当代艺术并不像古典艺术那样特别在意媒介的分类，而是重视对新观念与新思想的表达，并强调艺术创作与当下文化情境的紧密联系。

在此追求之下，既有一些中国当代艺术家会根据自己的学术背景与喜好来选择更为擅长的媒介进行创作，也有一些艺术家会来往于新媒介与传统媒介之间，更有一些艺术家采用了多媒介混合的创作模式。这也是美国艺术史家简·罗伯森和克雷格·迈克丹尼尔在出书评介世界新的视觉艺术时，有意打破传统写作模式，按一些当代艺术作品所表达的社会与文化主题来进行分类的根本原因。

那么，我在进行本书写作时，为何要像我当初撰写《中国当代艺术史 1978—1999》一样，依然保留了按媒介分类撰写的方式呢？应该说，这是基于对中国当代艺术实际创作状况的考虑：一方面顾及到在中国，毕竟有不少当代艺术家还是在以特定媒介为主进行创作；另一方面更多出于叙述上的考虑，而按此处理，就可以在不同的框架中对一些与之相关的创作现象进行适当的评介。

不过，与此同时，我还是在部分章节中借鉴了简·罗伯森和克雷格·迈克丹尼尔的做法——比如在若干章节中对"再中国化"问题的一再涉及，另外在第三章中对"图像转向"问题的讨论即是例证。坦率地说，我也曾做过类似于简·罗伯森和克雷格·迈克丹尼尔的尝试，即按预先设定的文化主题分类方式来写作，但后来发现有些创作中出现的问题不太好涉及，于是就做了调整。

在这里还要加以解释的是，由于第二章中所涉及的很多与新的艺术探索相关的优秀作品均出现在 2008 年以后，即与数码技术相关的影像艺术、虚拟现实（VR）艺术或机械装置艺术、生物艺术等，如果仍然按原定计划到 2010 年为止叙述，就无法涉及。在反复考虑了许久后，我将本书的时间下限改定在了 2019 年。而此一改动也受到了美国学者费恩伯格的启示，因为他在《艺术史：1940年至今天》一书中就从 1940 年写到了停笔的时候。

此外，为了防止讨论过于倾向艺术的选材、技术与形式，我还有意将有关与意义、主题相关的分析与形式或艺术语言分析结合起来。也就是说，这种分析不光会指出内容如何进入了材料与形式之中，还会指出材料与形式最终如何呈现意义。

最后，我还要做出以下几点说明：第一，将某位艺术家或某作品放在与特定主题相关的讨论之中，更多的是从这位艺术家或作品的表现和写作需要来考虑的；第二，本书在每一小节的正文后都设有"相关链接"和"相关作品"，前者主要是对重要活动与事件加以说明；后者则主要是对一些重要的作品加以评介。

这篇序言是《中国当代艺术史 2000—2019》的序。该篇序言交代了这本书的编写缘由和意图，接着介绍了写作这本书的大体思路。在介绍思路时，这篇序言没有面面俱到，而是"选点"，选取了几个重要的情境因素。最后，作者还做出了几点说明，让读者联想到书中深层次的内容和思想。

第九章
凭据类文书写作要领与范例

要约

要约是指一方当事人以缔结合同为目的，向对方当事人提出合同条件，希望对方当事人接受。发出要约的一方称为要约人，接受要约的一方称为受要约人。

一、要约的构成要件

（一）由具有订约能力的特定的人作出的意思表示

要约人如果不特定，则受要约人无法对之作出承诺，也就无法与之签订合同。这样的意思表示就不能称为要约。

（二）必须有订立合同的意图

由于要约一经受要约人承诺，要约人即受该意思表示约束。因此，没有订立合同的意图的意思表示不能称为要约。

（三）要约必须向要约人希望与之订立合同的受要约人发出

要约只有发出，才能唤起受要约人的承诺。如果没有发出要约，受要约人就无从知晓要约的内容，自然也就无法作出承诺。

受要约人必须是要约人希望与之订立合同的人。可以是特定的人，也可以是不特定的人。

（四）要约的内容必须具体明确

这是《中华人民共和国民法典》对要约的明确规定。如果要约的内容不具体明确，受要约人就无法对之作出承诺。如果受要约人对之进行了补充修改且作出了承诺，就要认为受要约人对要约的内容进行了实质性变更，其承诺也就不能是承诺了。所以，内容不明确的要约也不能称为要约，而仅能被视为要约邀请。

二、要约的生效时间

要约到达受要约人时生效。采用数据电文形式订立合同，收件人指定特定系统接收数据电文的，该数据电文进入该特定系统的时间，视为到达时间；未指定特定系统的，该数据电文进入收件人的任何系统的首次时间，视为到达时间。

三、要约的撤回和撤销

（一）要约的撤回

要约可以撤回。撤回要约的通知应当在要约到达受要约人之前或者与要约同时到达受要约人。撤回要约是在要约尚未生效的情形下发生的。如果要约已经生效，则非要约的撤回，而是要约的撤销。

（二）要约的撤销

要约可以撤销。撤销要约的通知应当在受要约人发出承诺通知之前到达受要约人。但下列情形下的要约不得撤销。

（1）要约人确定了承诺期限的。

（2）以其他形式明示要约不可撤销的。

（3）受要约人有理由认为要约是不可撤销的，并已经为履行合同做了准备工作。

四、要约的范例

桂林航天工业学院学报版权要约

按照桂林航天工业学院机构设置的职能授权，本刊编辑部具体行使本刊版权的权利。

依照《中华人民共和国民法典》和《中华人民共和国著作权法》的相关规定，本刊编辑部常年向作者发出以下版权要约。

凡同意录入本刊的论文，其作者可以对本刊提出非一次性版权转让要求，没有提出此要求的，均同意由本刊一次付酬买断该论文的版权；同时，本刊承诺，经本刊发表后的论文，其作者有权自由进行再利用。

为使本刊和作者的智力成果传播更为广泛，让社会和广大读者利用方便，本刊已与下列数据媒体分别达成期刊版权转让协议，受让者依约享有以数据形式出版发行本刊的权利。

与本刊达成版权使用协议的数据媒体有：中国学术期刊（光盘版）、中国学术期刊综合评价数据库、万方数据——数字化期刊群、中国核心期刊（遴选）数据库、维普中文期刊数据库。

特此要约。

桂林航天工业学院学报编辑部

这篇要约是版权要约，要约中的要约人是桂林航天工业学院学报编辑部，受要约人是作者。要约中"凡同意录入本刊的论文，其作者可以对本刊提出非一次性版权转让要求等"内容具体明确。该要约接下来罗列了与本刊达成版权使用协议的数据媒体，更是一目了然，让作者了然于胸。

标书

招标书和投标书都称为标书。

招标书是招标人利用投标者之间的竞争达到或选择买主或承包目的，从而利用和吸收各地甚至全国的优势于一家的商品交易行为所形成的书面文件。它包括招标公告、招标通告、招标邀请书、招标启事、工程招标说明书等。

投标书是指投标人按招标人的要求，具体向招标人提出承办申请，介绍企业情况（资格审查），提供总预算等书面文件。

一、招标文件的内容

招标人根据招标项目的特点和需要编制招标文件，其包含以下内容。

（1）投标邀请书。

（2）投标人须知。

（3）合同主要条款。

（4）投标文件格式。

（5）采用工程量清单招标的，应当提供工程量清单。

（6）技术条款。

（7）设计图纸。

（8）评标标准和方法。

（9）投标辅助材料。

招标人应当在招标文件中说明实质性的要求和条件，并用醒目的方式标明。

二、招标文件的写作要求

（一）招标文件的规范性

目前，在招标采购业内，招标文件的编制很不规范。招标文件范本也不统一，某个行业的范本虽然可以用于其他行业，但毕竟行业政策有所差异，所以存在范本不完全适用的问题。

因此，制定一套经过认真审核推敲、逻辑严密、文字简洁清晰、充分反映国家目前有关法律法规和政策、符合各自运作制度和实际的招标文件范本是非常有必要的。

（二）前期准备工作应充分

当前，一些采购机构在编制招标文件时，有套用范本的现象。招标文件内容混乱，也就无法保证招标活动公平进行，招标质量得不到有效保证。采购机构应根据采购计划，对采购项目从政策、资金、市场、技术生产等方面进行全方位的市场调研，为科学、合理地编制招标文件提供保证。专业性强的采购项目可邀请有关专家和技术人员进行论证、分析，必要时要请潜在投标人听证，并在统一答疑时补充。

（三）反映用户实际需求

招标的目的就是为需求服务，所以，招标文件全面反映用户实际需求就成为编制招标文件的一个基本要求。

有的招标文件编制完成之后，不能全面准确反映用户的实际需求。投标人阅读招标文件时，认为其高、中、低档产品都可能满足要求，不知道应该以什么档次的产品报价；还有的招标文件中商务条款、使用环境、地理位置不明确，这些因素都会影响产品的配置和质量，影响投标人的正常报价和投标方案。

（四）保持公正

公正，即无倾向性和歧视，是编制招标文件的一个重要原则。倾向性有时表现明显，如在招标文件中注明设备型号等；但有时比较隐蔽，如在产品功能、技术、性能指标方面的倾向性描述是不容易被识别出来的。所以，要解决这个问题，就要建立一种咨询制度，召集有关专家进行集体咨询，必要时，可以公开在网上或以其他方式直接征求潜在投标人的意见，或召集相关供应商举行听证会。

三、投标文件的内容

投标文件是指投标人根据招标文件的要求编制，一般由商务文件、技术文件、报价文件构成。

（一）商务文件内容

（1）投标函及投标函附录

（2）授权委托书（正本为原件）

（3）投标保证金交存凭证复印件

（4）项目管理机构

（5）拟分包项目情况表

（6）资格审查资料（营业执照等）

（7）其他材料

（二）技术文件内容

1. 工程标技术部分

（1）施工部署

（2）施工现场平面布置图

（3）施工方案

（4）施工技术措施

（5）施工组织及施工进度计划（包括施工段的划分、主要工序、劳动力安排以及施工管理机构或项目经理部）

（6）施工机械设备配备情况

（7）质量保证措施

（8）工期保证措施

（9）安全施工措施

（10）文明施工措施等

2. 货物及服务标技术部分

（1）设备参数

（2）服务方案

（3）售后方案

（4）其他资料

（三）报价文件内容

一般较简单，就是报价表。

四、投标文件的写作要求

（一）投标文件的密封和标记

（1）投标人应将投标书正本和所有的副本分开密封装在单独的信封中，且在信封上标明"正本""副本"字样。然后再将所有信封封装在一个外层信封中。

（2）内外层信封的要求。

①按"投标资料表"中注明的地址发至招标人。

②注明"投标资料表"中标明的项目名称，投标邀请书的标题和编号，注明"在×之前不得启封"的字样。

（3）内层信封应写明投标人名称和地址，以便其投标被宣布为"迟到"投标时，能原封退回。

（4）如果外层信封未按投标人要求密封和加写标记，招标人对误投或过早启封概不负责。

（二）投标截止日期

（1）投标人投标文件的时间不得迟于"投标资料表"中规定的截止日期和时间。

（2）招标人可以通过修改招标文件自行决定酌情延长投标截止日

期。在此情况下，招标人和投标人受投标截止日期制约的所有权利和义务均应延长至新的截止日期。

（三）迟交的投标书

按照相关规定，招标人将拒绝并原封退回在其规定的截止日期后收到的任何投标书。

（四）投标文件的修改和撤回

（1）投标人在递交投标文件后，可以修改或撤回其投标文件，但招标人必须在规定的投标截止日期之前，收到修改包括替代或撤回的书面通知。

（2）投标人的修改或撤回通知书应按规定编制、密封、标记和发送，撤回通知书也可以用电报传递，但随后要用经过签字的信件确认，邮戳时间不得迟于投标截止日期。

（3）在投标截止日期之后，投标人不得对其投标文件做任何修改。

（4）从投标截止日期到投标人在投标函格式中确定的投标有效期期满之间的这段时间内，投标人不得撤回其投标文件，否则其投标保证金将按照相关规定被没收。

五、招标文件的范例

安徽省淮北市人民医院住院部病房楼项目招标书

项目名称：淮北市人民医院住院部病房楼

项目地点：安徽省淮北市淮海西路北侧，淮北市人民医院住院

部院内

招标单位：淮北市蓝元伟业投资有限公司 淮北市人民医院

招标方式：公开招标

一、工程概况：建设规模为三座地下一层、地上十层、钢筋混凝土框架结构、层高 4.2 米、檐高 45 米、总建筑面积 5.6 万 m^2，总造价约 1.12 亿元的病房楼。

二、招标范围：南楼（外科楼）部分，建筑面积 2.1 万 m^2 的土建工程。本工程暂估价 3000 万元。

三、资金来源：自有资本金

四、计划开工时间：2007 年 3 月 10 日

五、完工时间：2007 年 9 月 30 日

六、质量要求：达到国家和行业施工验收规范合格标准

七、资质要求：有独立企业法人资格，具备房屋建筑工程施工总承包贰级以上，具有良好的施工能力和信誉，项目经理应有壹级资质证书。

八、报名并发售资格预审文件

时间：2006 年 11 月 24 日—2006 年 12 月 10 日

地点：安徽省淮北市人民医院门诊部八楼 蓝元伟业投资有限公司

资格预审文件售价：每套 200 元，使用现金或支票支付，售后不退

九、报名时请同时提供以下资料：

1. 单位介绍信、法定代表人授权委托书、被委托人身份证（须出示原件）；

2. 企业营业执照副本、资质等级证书副本、项目经理证书（均须出示原件和加盖公章的复印件）；

十、资质预审文件递交截止时间：2006 年 12 月 12 日 17:00

联系人：×××　　×××

联系电话：0561—3895005

传真：0561—3895665

这份招标书，开篇涵盖了项目名称、项目地点、招标单位以及招标方式，正文交代了工程概况、招标范围、资金来源，以及文末的资质递交截止时间、联系人、联系电话，这些信息均为投标人须知。标书中对工程造价，质量要求，计划开工、完工时间提出了实质性的要求和条件，不失为一份内容完备的招标书。

六、投标文件的范例

投标文件的种类一般包括商务标（含投标函）、综合标、技术标。

一、商务标（含投标函）、综合标目录

第一章　商务标投标函部分

法定代表人身份证明

投标文件签署授权委托书

投标函

投标保证金

第二章　商务标部分

投标报价说明

投标总价表

工程量清单报价表

投标报价需要的其他资料

第三章　综合标部分

投标人基本情况

投标人资质等级证书

投标人工商营业执照

投标人安全生产许可证

投标人近两年已完工程业绩情况一览表

投标人近两年获得的各种奖励情况一览表

工程履约及回访保修情况

项目管理机构配备情况

项目经理简历表

项目经理类似施工经验

项目技术负责人简历表

项目技术负责人类似施工经验

项目经理只承担本工程承诺

投标工期承诺

工程质量承诺

安全生产承诺

文明施工承诺

农民工工资支付承诺

不转包工程承诺

工程回访保修承诺

二、技术标目录

第一章　编制说明

第二章　工程概况及特点

第三章　施工部署和施工准备工作

第四章　施工现场平面布置

第五章　施工总进度计划

第六章　各分部分项工程的主要施工方法

第七章　拟投入的主要物资计划

第八章　投入的主要施工机械设备情况

第九章　劳动力安排计划

第十章　确保工程质量的技术组织措施

第十一章　确保安全生产的技术组织措施

第十二章　确保文明施工的技术组织措施

第十三章　确保工期的技术组织措施

第十四章　质量通病的防治措施

第十五章　季节性施工措施

这份投标文件涵盖了常见的商务标（含投标函）、综合标及技术标的主要项目。从商务标（含投标函）、综合标的目录中可以看到法定代表人身份证明、投标函、投标报价说明、工程量清单报价表等。从技术标的目录中可以看到编制说明、工程概况及特点、施工现场平面布置、确保工程质量的技术组织措施等。上述投标文件构成要素完整，符合招标条件。

合同

合同是当事人或当事双方之间设立、变更、终止民事关系的协议。依法成立的合同受法律保护。广义的合同是指所有法律部门中确定权利、义务关系的协议。狭义的合同指一切民事合同。合同的签订是一种民事法律行为，合同是当事人协商一致的产物，是两种以上的意思表示相一致的协议。

只有当事人所作出的意思表示合法，合同才具有法律约束力。依法成立的合同从成立之日起生效。

一、合同的特点

（一）合法性

当事人必须具备法律规定的合法资格，即具有签订合同的权利和行为能力；合同的内容、具体条款符合有关法律法规；签订合同的程序要合法，要反复协商、一致同意后才能签订。合同双方或多方当事人的意思表示必须一致，若未取得一致同意，合同就不能成立。

（二）平等性

合同双方或多方当事人的法律地位是平等的。任何一方不得把自己的意志强加给对方，任何组织和个人不得非法干预。采取胁迫手段签订的合同都是无效合同。

（三）约束性

合同的签订是一种法律行为。合同一旦依法成立，即具有法律效力。其规定的各方面的权利和义务都受到国家法律的保护，任何一方违约都要承担经济和法律责任。当事人双方或多方必须全面履行合同规定的义务，任何一方不得擅自变更或解除合同；否则必须承担法律责任。

二、合同的结构

合同一般由标题、立约单位、正文、落款四部分组成。

（一）标题

标题一般直接标明合同的性质，由事由和文种构成，如"购销合同""建设工程承包合同"等。标题位于合同书第一页居中的位置。

（二）立约单位

立约单位就是合同当事人自己，位于标题下方、正文之前。通常在标题下方另起一行并排写当事人双方的单位或个人名称。

单位名称第一次出现时要写全称，以下行文用简称，后面用括号注明"甲方、乙方""买方、卖方""出租方、承租方""供方、需方"等。

（三）正文

（1）引言

引言部分写明签订合同的目的或签订合同的依据。引言可概括表述，如"为了……（目的），根据……（法律）规定，经双方协商，签订本合同，并共同遵守下列条款"。

（2）主体

《中华人民共和国民法典》规定，合同应包括以下主要条款。

1. 标的（指货物、劳务、工程项目等）。

2. 数量和质量。

3. 价款或者报酬。

4. 履行期限、地点和方式。

5. 违约责任。

（3）结尾

合同主体部分的结尾包括以下四个方面的内容。

1. 解决合同纠纷的形式。

2. 合同的生效日期和有效期限。

3. 合同的正本、副本及件数，保存方式及其效力。

4. 合同附件名称及件数。

（四）落款

落款为合同当事人的签字、盖章，主要包括单位名称、法定代表人或个人签字,各方的电话号码、开户银行及账号、邮箱,合同的签订日期等。

三、合同的写作要求

（一）内容要合法

合同的全部内容要符合国家有关法律法规的要求和有关职能部门或行业的管理规定，否则就是无效合同。

（二）条款要完备

合同的所有条款要完整齐备，没有任何疏漏和欠缺之处，以避免经济纠纷。

（三）规定要具体明确

合同的规定要具体明确，确认不会有任何歧义。

（四）语言要正确

合同条文是当事人执行义务的依据，它的语言要准确、无歧义，不能含糊不清、模棱两可，以免发生争执和纠纷。

（五）不得随意改动

合同一经签订，立即生效，任何一方不得随意改动。如需修改、补充或更正，须经双方协商，将改动意见作为合同附件，正式签署后方能生效。

四、合同的作用和种类

（一）合同的作用

合同有利于当事人实现经济目的，有利于保护当事人的合法权益，有利于维护社会经济秩序。

（二）合同的种类

（1）合同按形式可分为口头合同和书面合同。

（2）合同按有效期可分为长期合同、中期合同、短期合同。

（3）合同按涉及的经济活动对象，可分为对内经济合同、涉外经济合同。

（4）合同按形式可分为条款式合同、表格式合同和表格条款结合式合同。

五、合同的范例

土地租赁合同

出租方：（以下简称甲方）

承租方：（以下简称乙方）

根据《中华人民共和国民法典》及相关法律规定，为了明确甲、乙双方的权利、义务，经双方平等协商，签订本合同。

一、甲方将位于××市××路×号的×亩土地的使用权及地上建筑物、构筑物、附着物等（见附件）出租给乙方使用。

二、乙方承租本宗土地必须进行合法经营，否则甲方有权收回土地使用权，终止合同。

三、乙方不得擅自转租本宗土地的使用权，如需进行转租应征得甲方书面同意，否则甲方有权收回土地使用权，终止合同。

四、甲方应保证本宗土地上的水、电、暖等基本设施完整，并帮助乙方协调同水、电、暖的提供方的有关事宜，但具体收费事宜由乙方与水、电、暖的提供方协商，所有费用由乙方承担。

五、乙方在租用期间，不得随意改变本宗土地状况和地上的建筑物、构筑物、附着物及水、电、暖管网等设施，如确需改动或扩增设备应事先征得甲方书面同意后方可实施，对有关设施进行改动或扩增设备时如需办理相关手续，由乙方办理，甲方根据实际情况给予协助，所需费用由乙方承担，否则，乙方应恢复原状，并赔偿由此给甲方造成的损失。

六、乙方租用期间，有关市容环境卫生、门前三包等费用由乙方承担。国家行政收费，按有关规定由甲、乙双方各自负担。

七、乙方在租赁期间因生产经营所发生的所有事故及造成他人损害的，由乙方承担责任，与甲方无关。

八、合同约定的租赁期限届满或双方协商一致解除合同后 10 日内，乙方应向甲方办理交接手续，交接时乙方应保证工作人员撤离、将属于自己的设备腾清，并将租赁范围内的垃圾杂物等清理干净。

九、租赁期限为×年，从×年×月×日至×年×月×日。

十、经甲乙双方商定，租金的交纳采取按年支付先付后用的方式，年租金为×元，由乙方于每年×月×日交纳给甲方。如逾期交纳租金 30 日以内，乙方除应补交所欠租金外，还应向甲方支付年租金千分之二的违约金；如逾期超过 30 日，甲方有权解除合同，乙方应向甲方支付年租金百分之二十五的违约金。

十一、甲方向乙方收取约定租金以外的费用，乙方有权拒付。

十二、在租赁期限内，因不可抗拒的原因或者因城市规划建设，致使双方解除合同，由此造成的经济损失双方互不承担责任。

十三、争议解决方式。（具体内容略）

十四、双方协商一致可另行签订补充协议，补充协议与本合同具有同等法律效力。

十五、本合同自双方签字、盖章后生效。

十六、本合同一式四份，双方各执两份，具有同等法律效力。

甲方（盖章或签字）　　　　　　　　乙方（盖章或签字）

×年×月×日　　　　　　　　　　　×年×月×日

附件：土地及地上建筑物、构筑物、附着物情况。

参考条款：甲方收取租金时必须出具由税务机关或县级以上财政部门监制的收租凭证。若无合法收租凭证，乙方可以拒付。

这份土地租赁合同中的条款有十六条，构成要素完整，将可能出现的问题都考虑到了。每一条款均具体明确，如"七、乙方在租赁期间因生产经营所发生的所有事故及造成他人损害的，由乙方承担责任，与甲方无关。"条款没有含糊其词，责任划分得清清楚楚，用语严谨、准确得当。

协议书

协议书是社会生活中，协作的双方（或多方），为保障各自的合法权益，经双方（或多方）共同协商取得一致意见后，签订的书面材料。

一、协议书的特点

一是明确权利与义务。订立协议书是为了更好地从制度上乃至法律上，把双方（或多方）协议所承担的责任固定下来。作为一种能够明确彼此权利与义务，具有约束力的凭据类文书，协议书对当事人双方（或多方）都具有制约性，它能监督双方信守诺言，约束轻率反悔行为。

二是协议书作用与合同基本相同。

三是口头协议一律无效。书面协议有三种形式，即合同中的条款，独立的协议书，及信函、电报、传真、电子邮件等其他形式。

二、协议书的写法

（一）标题

协议书的标题由双方单位名称、事由、"协议书"三部分组成。

（二）正文

协议书的正文主要写条款，包括以下几个方面的内容。

（1）协议目的。

（2）协议责任。

（3）协议的时间和期限。

（4）协议的条款和酬金（价格明确，总金额大写。必须明确货币种类）。

（5）履行条款期限。

（6）违反条款的责任。

（7）落款（签署）。

三、协议书的范例

某集团公司财务人员保管保密协议书

财务人员保管保密协议书

甲方：

乙方：　　　　　身份证号码：

户籍所在地：

现居住地：＿＿＿＿＿＿＿＿＿＿

鉴于乙方在甲方财务部任职，双方当事人就乙方在职期间所担负的甲方现金支票、印章、公司证件和档案资料的保管，以及在职或离职以后保守甲方的财务信息、技术信息及经营信息等商业秘密的有关事项，双方协商确定，为保护甲方的正当合法权益，根据国家的相关法律法规，本着平等、自愿、公平、诚信的原则，双方经充分协商一致后，共同订立本协议，以资信守。

一、现金支票、印章、公司证件和档案资料的保管

乙方在甲方财务部任职期间，主要负责现金支票、印章（包括公章和财务章）、公司证件和档案资料等的管理工作，在工作期间必须遵守甲方以下管理规定。

1. 现金支票保管

（1）所有现金支出应该经过最高管理者或授权人签字批准，并符合国家和公司规定的使用范围。

（2）办理现金出纳业务，必须做到按日清理，按月结账。应

对当日的经济业务进行清理，全部登记日记账，结出库存现金账面余额，并与库存现金实地盘点数核对相符。

（3）限额内的库存现金及支票当日核对清楚后，一律存放在保险柜内，不得放在办公桌上过夜。

2．印章的保管

（1）保管人受公司委托保管并管理财务印章使用，对印章负有安全保管以及安全使用的责任。

（2）印章保管人应遵循谨慎、认真、负责的态度行使权力，所有加盖文件、合同、票据的相关条款必须符合国家法律、合乎公司制度。

（3）票据付款需要加盖印章时，必须附有已经过权限人批准的支付证明和相关凭据，付款票据应填写完整，收款人和金额处不得空白。

3．公司证件和档案资料的保管

（1）财务档案是指公司在经营活动中所形成的各种合同、协议、申请、说明、报表、凭证、票据、文件、账簿等有参考价值的原始资料和电子文档。

（2）对应归档的材料加以分类、整理，编制两张目录表即档案总目录表和明细分类目录表，并制定分类编号，以便快速检索。

二、保密协议

乙方在甲方财务部任职期间，需对甲方之财务信息、技术信息、经营信息、人力资源管理信息等进行严格保密，具体保密范围（但不限于）如下。

1．保密范围

（1）财务信息：各项销售费用、利润数据、种类凭证，各项报表包括对外财务报表、内部管理报表、预决算报表等，公司享受的税务政策，内部预算流程，操作手册，财务制度等。

（2）技术信息：是指公司所属系统产品开发、生产或制造过程中的秘密技术、非专利技术成果、专有技术，包括产品方案、设计、制造方法、流程、技术报告、图纸、样品等，质量控制和管理方面的技术知识，以及相关领域的制度、流程、规则等内容。

（3）经营信息：是指与公司经营范围相关之经营活动当中所涉及的相关战略规划、情报、计划、方案、方法、程序、经营决策。

2. 不泄露、不使用商业秘密

乙方同意，在甲方聘用期间以及聘用期终止之后，未经甲方书面同意，决不公开发表或对其他人泄露甲方的任何商业秘密，决不为其他目的而使用甲方的任何商业秘密，决不复印、转移含有甲方商业秘密的资料。

三、协议期限

乙方在职期内或离职后至甲方宣布相关保密内容解密或者秘密信息实际上已经公开前，将承担保密义务，但其中竞业禁止期限为乙方离职之日起两年。

四、违约责任

（1）乙方违反以上条款，甲方有权给予经济处罚。

（2）乙方违反本协议造成甲方在商业信誉、企业经营与企业形象上的损害，处罚金等不足以弥补甲方所承受的损失时，乙方应赔偿不足部分的损失。造成重大损失的，甲方有权追究乙方民事、刑事责任。

五、附则

本协议未尽事宜，按国家法律、法规的规定执行，自双方签字、盖章之日起生效。本协议一式两份、具有同等法律效力，双方各执一份。

甲方（盖章）　　　　　　　　乙方（签字）

代表（签字）　　　　　　　　签订时间：

签订时间：

这篇是某集团公司财务人员保管保密协议书。该篇由五部分组成：第一部分明确了财务人员应对现金支票、印章、公司证件和档案资料进行保管；第二部分涉及具体的保密协议，包括保密范围，不泄露、不使用商业机密等内容；第三部分为协议期限；第四部分为违约责任；最后为附则。该协议书将双方协议所承担的责任固定了下来。

聘书

聘书是聘请书的简称。它是指单位或个人用来聘请有关人员担任某一职务或承担某项工作任务时使用的一种专门文书。聘书在应用文写作中占据着重要地位。

一、聘书的特点

聘书近些年来使用较为广泛，招聘为现今用人制度的主要形式，聘书在人们的生活中具有重要的作用。

（一）加强协作的纽带

聘书把人才和用人单位很好地联系起来。一个单位在承担某项任务后，或在开展某项工作前，为了聘请一些本单位缺乏的人才时，就需要制作聘书。聘书不仅将个人同用人单位联系起来，同时还加强了不同单位之间的合作，使之可以互通有无、互相支援，聘书就这样起了不可替代的纽带作用。

（二）加强受聘人的责任感、荣誉感和促进人才交流

受聘人接到聘书也就等于必须为自己所聘的职务负责任，会尽力做好自己的工作。因为聘书是出于对受聘人极大的信任和尊重才发出的，这无形中就加强了受聘人的责任感。同时受聘人往往是在某方面确有专长或能做出特殊贡献的人，所以聘书的授予也就促进了人才的交流，可以使受聘人充分发挥自己的聪明才智。

（三）表示郑重其事、信任和守约

聘书是劳动力需求方对劳动者进行选择之后，决定对其正式聘用时所形成的具有法律效力的文书。聘书一旦发布，双方都将承担着特定的法律责任，不到期满，任何一方都不得随意中止聘用关系，除非有特殊原因。

二、聘书的结构

聘书一般按照书信格式印制好，中心内容由发文者填写即可。完整的聘书的格式，一般由以下几部分构成。

（一）标题

聘书的标题往往是"聘书"或"聘请书"，有的聘书也可以不写标题。印制好的聘书标题常为烫金样式。

（二）称谓

聘书上受聘人的姓名可以在开头顶格写，然后再加上冒号；也可

以在正文中写明受聘人的姓名。常见的印制好的聘书大都在第一行空两格写"兹聘请……"。

（三）正文

聘书的正文一般包括以下内容：

（1）聘请的原因和要做的工作或要担任的职务。

（2）聘任期限，如"聘期两年""聘期自××××年××月××日至××××年××月××日"。

（3）聘任待遇。聘任待遇可直接写在聘书之上，也可另附详尽的聘约或公函写明具体的待遇，具体做法视情况而定。

（4）正文还要写上对受聘人的希望。这一点一般可以写在聘书上，但也可以不写，而通过其他途径使受聘人切实明白自己的职责。

（四）结尾

聘书的结尾一般写上表示敬意和祝福的结束用语，如"此致　敬礼""此聘"等。

（五）落款

落款要署上发文单位名称或单位领导的姓名、职务，并署上发文日期，同时要加盖公章。

三、聘书的写作要求

（1）聘书要郑重严肃，要将有关招聘的内容交代清楚。同时，聘书的书写要整洁、大方、美观。

（2）聘书一般要短小精悍，不可篇幅太长，语言要简洁明了、准确流畅，态度要谦虚诚恳。

（3）聘书是以单位名义发出的，所以一定要加盖公章，方视为有效。

四、聘书的范例

聘书

兹聘请×××同志为××家电集团维修总工程师、主任，聘期自××××年××月××日至××××年××月××日，聘任期间享受集团高级工程师全额工资待遇。

××家电集团（盖章）

××××年××月××日

这则聘书以"聘书"二字作为标题，体现其文种。开头采用了"兹聘请……"这类常规的写法，紧接着交代受聘人所要担任的职务、聘任期限以及聘任待遇，显示了对受聘人极大的信任和尊重，这在无形中加强了受聘人的责任感。

收条

收条是收到别人或单位送的财物时写给对方的一种凭据类文书。收条也称收据。收条是日常生活中一种常见的文书。

一、收条的适用范围与种类

（一）收条的适用范围

第一，将财物还回时，借出方当事人不在场，而只能由他人代收时可以写收条。如果当事人在场，则不必再写收条，而只用把原来的欠条或借条退回或销毁。

第二，个人向单位或某一团体上缴有关费用或财物时，对方需开具收条，以示证明。

第三，单位和单位之间的各种财物往来均应开具收条。当然，在正式的场合下，一般要用国家统一印制的正式的票据。

（二）收条的种类

收条一般来讲有两类。一类是写给个人的收条，另一类是写给某一单位的收条。单位出具的收条通常由某一个人经手，而以单位的名义开具。

二、收条的结构

完整的收条通常由标题、正文、落款三部分组成。

（一）标题

标题写在正文上方中间位置，字体稍大。标题的写法有两种。一种是直接写上文种名，即"收条"或"收据"字样。另一种是把正文的前三个字作为标题，而正文从第二行顶格处接着往下写，如用"今收到""现收到""已收到"作标题。

（二）正文

正文一般在第二行空两格后开始写，但以"今收到"为标题的收条是不用空格的。正文一般要写明下列内容，即收到的财物的数量、物品的种类和规格等。

（三）落款

落款一般要求写上收到财物的个人或单位的名字，署上收到的具体日期，一般还要加盖公章。

某人经手的一般要在姓名前署上"经手人"的字样。代别人收的，则要在姓名前加上"代收人"字样。

三、收条的写作要求

（1）在写收条时，务必清点好所收到的物品、钱款的具体数额，做到准确无误、不出差错。

（2）代别人收的，应在标题使用"代收到"字样，在末尾署名时用"代收人"三个字。

（3）收条的语言一般较为简单，篇幅往往短小精悍。收条不应涂改，其中的数额要大写。

四、收条的范例

收条

今收到××市财政局民营及中小企业发展专项资金市场开拓资助经营费××××××元整（￥×××××××）。

签名：×××

××××年××月××日

这则收条以"收条"二字为题，表明了文件种类。收条中"市财政局民营及中小企业发展专项资金市场开拓资助经营费"，交代了收条所收到的款项名目；"××××××元整"，交代了具体数额。全文用语简单、准确。

后 记

　　本套书的出版得到了人民邮电出版社的大力支持，中国工信出版传媒集团党委副书记、总经理兼总编辑顾翀和人民邮电出版社张立科总编辑给与了热情关注和悉心指导，财经教育出版分社武恩玉分社长等编辑老师付出了辛勤劳动，特此表示衷心感谢。这套书的出版，也使我和人民邮电出版社在写作系列书籍的合作增加了新的内容。

　　本套书共三本，其中《公文写作点石成金之要点精析》由我独自撰写，《公文写作点石成金之范例精粹》（上、下册）由我拟定全书思路、结构提纲，确定体例风格，并统稿修改，由张力丹和危厚勇两位编著。由于个人时间有限，我邀请二位同仁共同参与书籍的编写，得到了他们的积极响应和全力支持，他们投入大量精力到书稿当中，并最终拿出了高质量的书稿。每一位作者为此的付出，相信读者是可以感受到的。

　　在公文格式要求等方面，作者在征得同意的前提下，少量借鉴了同仁的一些思想观点，《公文写作点石成金之范例精粹》（上、下册）也征引了大量现成的例文，每一篇例文都力求具有时新性、指导性和准确性，例文都是从公开渠道可以获得的，但根据情况做了一些必要的技术处理。书中尽可能对征引的出处加以说明，在这里对作者也一并表示感谢。

　　本套书定名为"公文写作点石成金"，其实包含了作者对广大读者的殷切期望与美好祝愿，我们希望读者通过阅读本套书，不但写作的每一篇公文能够取得点石成金之奇效，而且在自己的写作生涯和职业发展上，也能"千淘万漉虽辛苦，吹尽狂沙始到金"。

胡森林

辛丑年初秋于北京